VERS ET PROSE

MORCEAUX CHOISIS

DU MÊME AUTEUR

POÉSIES COMPLÈTES, photogravées sur le manuscrit, avec ex-libris de *Rops* : 1er cahier, en 9 fascicules; prix, 100 francs (épuisé).

LES MÊMES (à paraître) chez Deman, Bruxelles.

A part : l'*Après-Midi d'un Faune*, édition originale, avec illustrations de Manet, prix, 25 francs (épuisé).

PAGES, avec frontispice de *Renoir* : 1er cahier, chez Deman ; prix, 15 francs.

LES POÈMES DE POE, avec fleuron et portrait par *Manet*, chez Deman ; prix, 15 francs.

A part : *Le Corbeau*, avec illustrations de *Manet* ; prix, 25 francs (épuisé).

VILLIERS DE L'ISLE-ADAM, avec portrait gravé par Desboutin ; chez Lacomblez, Bruxelles ; prix, 3 francs.

LE TEN O'CLOCK DE M. WHISTLER (prochaine réimpression de). Traduction par STÉPHANE MALLARMÉ.

VATHEK, de *BECKFORD*, avec AVANT-DIRE et PRÉFACE (prochaine réimpression du).

Les éditions ci-dessus désignées de ses œuvres sont seules conformes à la volonté de l'Auteur et faites par ses soins.

STÉPHANE MALLARMÉ

——

ERS ET PROSE

MORCEAUX CHOISIS

Avec un portrait par JAMES M. N. WHISTLER

PARIS

LIBRAIRIE ACADÉMIQUE DIDIER

PERRIN ET Cⁱᵉ, LIBRAIRES-ÉDITEURS

35, QUAI DES GRANDS-AUGUSTINS, 35

1893

AVANT-DIRE

Afin d'obvier à des déprédations et souhaitant se mettre en rapport aisé avec le lettré amateur de publications courantes, M. Mallarmé a imaginé de donner lui-même ce Florilège, ou très modeste anthologie, de ses écrits ; à quoi la librairie Perrin voulut apporter des soins.

Ce petit recueil peut suffire au Public,

comme inciter chez lui la curiosité d'ouvrages luxueux complets.

Une lithographie de Whistler, portrait inédit, sert de frontispice.

I

VERS

APPARITION·

La lune s'attristait. Des séraphins en pleurs
Rêvant, l'archet aux doigts, dans le calme des fleurs
Vaporeuses, tiraient de mourantes violes
De blancs sanglots glissant sur l'azur des corolles.
— C'était le jour béni de ton premier baiser.
Ma songerie aimant à me martyriser
S'enivrant savamment du parfum de tristesse
Que même sans regret et sans déboire laisse
La cueillaison d'un Rêve au cœur qui l'a cueilli.
J'errais donc, l'œil rivé sur le pavé vieilli,
Quand, avec du soleil aux cheveux, dans la rue
Et dans le soir, tu m'es en riant apparue

Et j'ai cru voir la fée au chapeau de clarté
Qui jadis sur mes beaux sommeils d'enfant gâté
Passait, laissant toujours de ses mains mal fermées
Neiger de blancs bouquets d'étoiles parfumées.

LES FENÈTRES

Las du triste hôpital et de l'encens fétide

Qui monte en la blancheur banale des rideaux

Vers le grand crucifix ennuyé du mur vide,

Le moribond, parfois, redresse son vieux dos,

Se traîne et va, moins pour chauffer sa pourriture

Que pour voir du soleil sur les pierres, coller

Les poils blancs et les os de sa maigre figure

Aux fenêtres qu'un beau rayon clair veut hâler,

Et sa bouche, fiévreuse et d'azur bleu vorace,

Telle, jeune, elle alla respirer son trésor,

Une peau virginale et de jadis ! encrasse

D'un long baiser amer les tièdes carreaux d'or.

Ivre, il vit, oubliant l'horreur des saintes huiles,
Les tisanes, l'horloge et le lit infligé,
La toux ; et quand le soir saigne parmi les tuiles,
Son œil, à l'horizon de lumière gorgé,

Voit des galères d'or, belles comme des cygnes,
Sur un fleuve de pourpre et de parfums dormir
En berçant l'éclair fauve et riche de leurs lignes
Dans un grand nonchaloir chargé de souvenir !

Ainsi, pris du dégoût de l'homme à l'âme dure
Vautré dans le bonheur, où ses seuls appétits
Mangent, et qui s'entête à chercher cette ordure
Pour l'offrir à la femme allaitant ses petits,

Je fuis et je m'accroche à toutes les croisées
D'où l'on tourne le dos à la vie, et, béni,
Dans leur verre, lavé d'éternelles rosées,
Que dore la main chaste de l'Infini

Je me mire et me vois ange ! et je meurs, et j'aime

— Que la vitre soit l'art, soit la mysticité —

A renaître, portant mon rêve en diadème,

Au ciel antérieur où fleurit la Beauté !

Mais, hélas ! Ici-bas est maître : sa hantise

Vient m'écœurer parfois jusqu'en cet abri sûr,

Et le vomissement impur de la Bêtise

Me force à me boucher le nez devant l'azur.

Est-il moyen, ô Moi qui connais l'amertume,

D'enfoncer le cristal par le monstre insulté,

Et de m'enfuir, avec mes deux ailes sans plume

— Au risque de tomber pendant l'éternité ?

SOUPIR

Mon âme vers ton front où rêve, ô calme sœur,
Un automne jonché de taches de rousseur,
Et vers le ciel errant de ton œil angélique,
Monte, comme dans un jardin mélancolique,
Fidèle, un blanc jet d'eau soupire vers l'Azur !
— Vers l'Azur attendri d'Octobre pâle et pur
Qui mire aux grands bassins sa langueur infinie
Et laisse, sur l'eau morte où la fauve agonie
Des feuilles erre au vent et creuse un froid sillon,
Se traîner le soleil jaune d'un long rayon.

LES FLEURS

es avalanches d'or du vieil azur, au jour

remier, et de la neige éternelle des astres

adis tu détachas les grands calices pour

a terre jeune encore et vierge de désastres,

e glaïeul fauve, avec les cygnes au col fin,

t ce divin laurier des âmes exilées

ermeil comme le pur orteil du séraphin

ue rougit la pudeur des aurores foulées,

'hyacinthe, le myrte à l'adorable éclair

t, pareille à la chair de la femme, la rose

ruelle, Hérodiade en fleur du jardin clair,

elle qu'un sang farouche et radieux arrose !

Et tu fis la blancheur sanglotante des lys
Qui, roulant sur des mers de soupirs qu'elle effleure,
A travers l'encens bleu des horizons pâlis
Monte rêveusement vers la lune qui pleure !

Hosannah sur le cistre et dans les encensoirs,
Notre Père, hosannah du jardin de nos limbes !
Et finisse l'écho par les célestes soirs
Extase des regards, scintillement des nimbes !

O Père, qui créas, en ton sein juste et fort,
Calices balançant la future fiole,
De grandes fleurs avec la balsamique Mort
Pour le poëte las que la vie étiole.

BRISE MARINE

La chair est triste, hélas! et j'ai lu tous les livres.
Fuir! là-bas fuir! Je sens que des oiseaux sont ivres
D'être parmi l'écume inconnue et les cieux!
Rien, ni les vieux jardins reflétés par les yeux!
Ne retiendra ce cœur qui dans la mer se trempe
O nuits! ni la clarté déserte de ma lampe
Sur le vide papier que la blancheur défend
Et ni la jeune femme allaitant son enfant.
Je partirai! Steamer balançant ta mâture,
Lève l'ancre pour une exotique nature!

Un Ennui, désolé par les cruels espoirs,
Croit encore à l'adieu suprême des mouchoirs!

Et, peut-être, les mâts, invitant les orages

Sont-ils ceux que le vent penche sur les naufrages

Perdus, sans mâts, sans mâts ni fertiles ilots..

Mais, ô mon cœur, entends le chant des matelots !

L'AZUR

De l'éternel Azur la sereine ironie
Accable, belle indolemment comme les fleurs,
Le poëte impuissant qui maudit son génie
A travers un désert stérile de Douleurs.

Fuyant, les yeux fermés, je la sens qui regarde
Avec l'intensité d'un remords atterrant
Mon âme vide. Où fuir? et quelle nuit hagarde
Jeter, lambeaux, jeter sur ce mépris navrant?

Brouillards, montez, versez vos cendres monotones
Avec de longs haillons de brume dans les cieux
Que noiera le marais livide des automnes
Et bâtissez un grand plafond silencieux!

Et toi, sors des étangs léthéens et ramasse

En t'en venant la vase et les pâles roseaux,

Cher Ennui, pour boucher d'une main jamais lasse

Les grands trous bleus que font méchamment les

[oiseaux.

Encor ! que sans répit les tristes cheminées

Fument, et que de suie une errante prison

Éteigne dans l'horreur de ses noires traînées

Le soleil se mourant, jaunâtre, à l'horizon !

— Le Ciel est mort. — Vers toi, j'accours ! donne,

L'oubli de l'Idéal cruel et du Péché   [ô matière,

A ce martyr qui vient partager la litière

Où le bétail heureux des hommes est couché,

Car j'y veux, puisque enfin ma cervelle, vidée

Comme le pot de fard gisant au pied d'un mur,

N'a plus l'art d'attifer la sanglotante idée,

Lugubrement bâiller vers un trépas obscur..

En vain ! l'Azur triomphe, et je l'entends qui chante

Dans les cloches. Mon âme, il se fait voix pour plus

Nous faire peur avec sa victoire méchante,

Et du métal vivant sort en bleus angélus !

Il roule par la brume, ancien et traverse

Ta native agonie ainsi qu'un glaive sûr ;

Où fuir, dans la révolte inutile et perverse ?

Je suis hanté. L'Azur ! l'Azur ! l'Azur ! l'Azur !

DON DU POÈME

Je t'apporte l'enfant d'une nuit d'Idumée !

Noire, à l'aile saignante et pâle, déplumée,

Par le verre brûlé d'aromates et d'or,

Par les carreaux glacés, hélas ! mornes encor

L'aurore se jeta sur la lampe angélique,

Palmes ! et quand elle a montré cette relique

A ce père essayant un sourire ennemi,

La solitude bleue et stérile a frémi.

O la berceuse avec ta fille et l'innocence

De vos pieds froids, accueille une horrible naissance

Et, ta voix rappelant viole et clavecin,

Avec le doigt fané presseras-tu le sein

Par qui coule en blancheur sybilline la femme

Pour des lèvres que l'air du vierge azur affame ?

SONNETS

LE PITRE CHATIÉ

Yeux, lacs avec ma simple ivresse de renaître
Autre que l'histrion qui du geste évoquais
Comme plume la suie ignoble des quinquets,
J'ai troué dans le mur de toile une fenêtre.

De ma jambe et des bras limpide nageur traître,
A bonds multipliés, reniant le mauvais
Hamlet! c'est comme si dans l'onde j'innovais
Mille sépulcres pour y vierge disparaître.

Hilare or de cymbale à des poings irrité,
Tout à coup le soleil frappe la nudité
Qui pure s'exhala de ma fraîcheur de nacre,

Rance nuit de la peau quand sur moi vous passiez,
Ne sachant pas, ingrat ! que c'était tout mon sacre,
Ce fard noyé dans l'eau perfide des glaciers.

TRISTESSE D'ÉTÉ

Le soleil, sur le sable, ô lutteuse endormie,
En l'or de tes cheveux chauffe un bain langoureux
Et, consumant l'encens sur ta joue ennemie,
Il mêle avec les pleurs un breuvage amoureux.

De ce blanc Flamboiement l'immuable accalmie
T'a fait dire, attristée, ô mes baisers peureux,
« Nous ne serons jamais une seule momie
Sous l'antique désert et les palmiers heureux ! »

ais ta chevelure est une rivière tiède,

ù noyer sans frissons l'âme qui nous obsède

t trouver ce Néant que tu ne connais pas.

goûterai le fard pleuré par tes paupières,

our voir s'il sait donner au cœur que tu frappas

'insensibilité de l'azur et des pierres.

Le vierge, le vivace et le bel aujourd'hui
Va-t-il nous déchirer avec un coup d'aile ivre
Ce lac dur oublié que hante sous le givre
Le transparent glacier des vols qui n'ont pas fui !

Un cygne d'autrefois se souvient que c'est lui,
Magnifique mais qui sans espoir se délivre
Pour n'avoir pas chanté la région où vivre
Quand du stérile hiver a resplendi l'ennui.

out son col secouera cette blanche agonie

ar l'espace infligée à l'oiseau qui le nie,

ais non l'horreur du sol où le plumage est pris.

antôme qu'à ce lieu son pur éclat assigne,

s'immobilise au songe froid de mépris

ue vêt parmi l'exil inutile le Cygne.

Victorieusement fui le suicide beau
Tison de gloire, sang par écume, or, tempête !
O rire si là-bas une pourpre s'apprête
A ne tendre royal que mon absent tombeau.

Quoi ! de tout cet éclat pas même le lambeau
S'attarde, il est minuit, à l'ombre qui nous fête
Excepté qu'un trésor présomptueux de tête
Verse son caressé nonchaloir sans flambeau,

La tienne si toujours le délice! la tienne
Qui seule qui du ciel évanoui retienne
Un peu de puéril triomphé en t'en coiffant

Avec clarté quand sur les coussins tu la poses
Comme un casque guerrier d'impératrice enfant
Dont pour te figurer il tomberait des roses.

Ses purs ongles très haut dédiant leur onyx,
L'Angoisse, ce minuit, soutient, lampadophore,
Maint rêve vespéral brûlé par le Phénix
Que ne recueille pas de cinéraire amphore

Sur les crédences, au salon vide : nul ptyx,
Aboli bibelot d'inanité sonore
(Car le Maître est allé puiser des pleurs au Styx
Avec ce seul objet dont le Néant s'honore.)

ais proche la croisée au nord vacante, un or

gonise selon peut-être le décor

es licornes ruant du feu contre une nixe,

lle, défunte nue en le miroir, encor

ue, dans l'oubli fermé par le cadre, se fixe

e scintillations sitôt le septuor.

Mes bouquins refermés sur le nom de Paphos,
Il m'amuse d'élire avec le seul génie
Une ruine, par mille écumes bénie
Sous l'hyacinthe, au loin, de ses jours triomphaux.

Coure le froid avec ses silences de faulx,
Je n'y hululerai pas de vide nénie
Si ce très vierge ébat au ras du sol dénie
A tout site l'honneur du paysage faux.

Ma faim qui d'aucuns fruits ici ne se régale
Trouve en leur docte manque une saveur égale :
Qu'un éclate de chair humain et parfumant !

Le pied sur quelque guivre où notre amour tisonne,
Je pense plus longtemps peut-être éperdûment
A l'autre, au sein brûlé d'une antique amazone.

M'introduire dans ton histoire

C'est en héros effarouché

S'il a du talent nu touché

Quelque gazon de territoire

A des glaciers attentatoire

Je ne sais le naïf péché

Que tu n'auras pas empêché

De rire très haut sa victoire

Dis si je ne suis pas joyeux

Tonnerre et rubis aux moyeux

De voir en l'air que ce feu troue

Avec des royaumes épars

Comme mourir pourpre la roue

Du seul vespéral de mes chars

Quelle soie aux baumes de temps
Où la Chimère s'exténue
Vaut la torse et native nue
Que, hors de ton miroir, tu tends !

Les trous de drapeaux méditants
S'exaltent dans notre avenue :
Moi, j'ai ta chevelure nue
Pour enfouir mes yeux contents.

Non ! la bouche ne sera sûre

De rien goûter à sa morsure

S'il ne fait, ton princier amant,

Dans la considérable touffe

Expirer, comme un diamant,

Le cri des Gloires qu'il étouffe.

Tout Orgueil fume-t-il du soir,
Torche dans un branle étouffée
Sans que l'immortelle bouffée
Ne puisse à l'abandon surseoir !

La chambre ancienne de l'hoir
De maint riche mais chu trophée
Ne serait pas même chauffée
S'il survenait par le couloir.

Affres du passé nécessaires
Agrippant comme avec des serres
Le sépulcre de désaveu,

Sous un marbre lourd qu'elle isole
Ne s'allume pas d'autre feu
Que la fulgurante console.

Surgi de la croupe et du bond
D'une verrerie éphémère
Sans fleurir la veillée amère
Le col ignoré s'interrompt.

Je crois bien que deux bouches n'ont
Bu, ni son amant, ni ma mère,
Jamais à la même Chimère,
Moi, sylphe de ce froid plafond !

Le pur vase d'aucun breuvage
Que l'inexhaustible veuvage
Agonise mais ne consent,

Naïf baiser des plus funèbres !
A rien expirer annonçant
Une rose dans les ténèbres.

Une dentelle s'abolit

Dans le doute du Jeu suprême

A n'entr'ouvrir comme un blasphème

Qu'absence éternelle de lit.

Cet unanime blanc conflit

D'une guirlande avec la même,

Enfui contre la vitre blême

Flotte plus qu'il n'ensevelit.

Mais, chez qui du rêve se dore
Tristement dort une mandore
Au creux néant musicien

Telle que vers quelque fenêtre
Selon nul ventre que le sien,
Filial on aurait pu naître.

PROSE

(pour des Esseintes)

Hyperbole! de ma mémoire
Triomphalement ne sais-tu
Te lever, aujourd'hui grimoire
Dans un livre de fer vêtu :

Car j'installe, par la science,
L'hymne des cœurs spirituels
En l'œuvre de ma patience,
Atlas, herbiers et rituels.

Nous promenions notre visage
(Nous fûmes deux, je le maintiens)
Sur maints charmes de paysage,
O sœur, y comparant les tiens.

L'ère d'autorité se trouble
Lorsque, sans nul motif, on dit
De ce midi que notre double
Inconscience approfondit

Que, sol des cent iris, son site,
Ils savent s'il a bien été,
Ne porte pas de nom que cite
L'or de la trompette d'Été.

Oui, dans une île que l'air charge
De vue et non de visions
Toute fleur s'étalait plus large
Sans que nous en devisions

Telles, immenses, que chacune
Ordinairement se para
D'un lucide contour, lacune
Qui des jardins la sépara.

Gloire du long désir, Idées,
Tout en moi s'exaltait de voir
La famille des iridées
Surgir à ce nouveau devoir.

Mais cette sœur sensée et tendre
Ne porta son regard plus loin
Que sourire et, comme à l'entendre
Occupe mon exotique soin.

Oh ! sache l'Esprit de litige,
A cette heure où nous nous taisons,
Que de lis multiples la tige
Grandissait trop pour nos raisons

Et non comme pleure la rive
Quand son jeu monotone ment
A vouloir que l'ampleur arrive
Parmi mon jeune étonnement

D'ouïr tout le ciel et la carte

Sans fin attestés sur mes pas,

Par le flot même qui s'écarte,

Que ce pays n'exista pas.

L'enfant abdique son extase

Et docte déjà par chemins

Elle dit le mot : Anastase !

Né pour d'éternels parchemins,

Avant qu'un sépulcre ne rie

Sous aucun climat, son aïeul,

De porter ce nom : Pulchérie !

Caché par le trop grand glaïeul.

HÉRODIADE

Fragment

                                        O miroir !
Eau froide par l'ennui dans ton cadre gelée,
Que de fois et pendant des heures, désolée
Des songes et cherchant mes souvenirs qui sont
Comme des feuilles sous ta glace au trou profond,
Je m'apparus en toi comme une ombre lointaine.
Mais, horreur ! des soirs, dans ta sévère fontaine,
J'ai de mon rêve épars connu la nudité !

HÉRODIADE

Oui, c'est pour moi, pour moi, que je fleuris,
                                        [déserte !
Vous le savez, jardins d'améthyste, enfouis
Sans fin dans de savants abîmes éblouis,
Ors ignorés, gardant votre antique lumière
Sous le sombre sommeil d'une terre première,
Vous, pierres où mes yeux comme de purs bijoux
Empruntent leur clarté mélodieuse, et vous,
Métaux qui donnez à ma jeune chevelure
Une splendeur fatale et sa massive allure !
Quant à toi, femme née en des siècles malins
Pour la méchanceté des antres sibyllins,

Qui parles d'un mortel ! selon qui, des calices
De mes robes, arome aux farouches délices,
Sortirait le frisson blanc de ma nudité,
Prophétise que si le tiède azur d'été,
Vers lui nativement la femme se dévoile,
Me voit dans ma pudeur grelottante d'étoile,
Je meurs !

　　　　J'aime l'horreur d'être vierge et je veux
Vivre parmi l'effroi que me font mes cheveux
Pour, le soir, retirée en ma couche, reptile
Inviolé sentir en la chair inutile
Le froid scintillement de ta pâle clarté,
Toi qui te meurs, toi qui brûles de chasteté,
Nuit blanche de glaçons et de neige cruelle !

Et ta sœur solitaire, ô ma sœur éternelle,

Mon rêve montera vers toi : telle, déjà

Rare limpidité d'un cœur qui le songea,

Je me crois seule en ma monotone patrie

Et tout, autour de moi, vit dans l'idolâtrie

D'un miroir qui reflète en son calme dormant

Hérodiade au clair regard de diamant..

O dernier charme, oui, je le sens, je suis seule !

LA NOURRICE

Madame, allez-vous donc mourir ?

HÉRODIADE

                   Non, pauvre aïeule,

Sois calme et, t'éloignant, pardonne à ce cœur dur,

Mais avant, si tu veux, clos les volets : l'azur

Séraphique sourit dans les vitres profondes

Et je déteste, moi, le bel azur !

                        Des ondes

Se bercent et, là-bas, sais-tu pas un pays
Où le sinistre ciel ait les regards haïs
De Vénus qui, le soir, brûle dans le feuillage ?
J'y partirais.

Allume encore, enfantillage
Dis-tu, ces flambeaux où la cire au feu léger
Pleure parmi l'or vain quelque pleur étranger
Et..

LA NOURRICE

Maintenant ?

HÉRODIADE

Adieu.

Vous mentez, ô fleur nue
De mes lèvres !

J'attends une chose inconnue

Ou, peut-être, ignorant le mystère et vos cris,

Jetez-vous les sanglots suprêmes et meurtris

D'une enfance sentant parmi les rêveries

Se séparer enfin ses froides pierreries.

L'APRÈS-MIDI

D'VN

FAVNE

Églogve

LE FAVNE

Ces nymphes, je les veux perpétuer.

                                Si clair,

Leur incarnat léger, qu'il voltige dans l'air
Assoupi de sommeils touffus.

                              Aimai-je un rêve ?

Mon doute, amas de nuit ancienne, s'achève
En maint rameau subtil, qui, demeuré les vrais
Bois mêmes, prouve, hélas ! que bien seul je m'offrais
Pour triomphe la faute idéale de roses.

Réfléchissons..

                ou si les femmes dont tu gloses

Figurent un souhait de tes sens fabuleux !

Faune, l'illusion s'échappe des yeux bleus

Et froids, comme une source en pleurs, de la plus

[chaste :

Mais, l'autre tout soupirs, dis-tu qu'elle contraste

Comme brise du jour chaude dans ta toison !

Que non ! par l'immobile et lasse pâmoison

Suffoquant de chaleurs le matin frais s'il lutte,

Ne murmure point d'eau que ne verse ma flûte

Au bosquet arrosé d'accords; et le seul vent

Hors des deux tuyaux prompt à s'exhaler avant

Qu'il disperse le son dans une pluie aride,

C'est, à l'horizon pas remué d'une ride,

Le visible et serein souffle artificiel

De l'inspiration, qui regagne le ciel.

O bords siciliens d'un calme marécage

Qu'à l'envi des soleils ma vanité saccage,

Tacite sous les fleurs d'étincelles, CONTEZ

« *Que je coupais ici les creux roseaux domptés*

« *Par le talent : quand, sur l'or glauque de loin-*

[taines

« *Verdures dédiant leur vigne à des fontaines,*

« *Ondoie une blancheur animale au repos :*

« *Et qu'au prélude lent où naissent les pipeaux,*

« *Ce vol de cygnes, non ! de naïades se sauve*

« *Ou plonge.. »*

Inerte, tout brûle dans l'heure fauve

Sans marquer par quel art ensemble détala

Trop d'hymen souhaité de qui cherche le *la :*

Alors m'éveillerais-je à la ferveur première,

Droit et seul, sous un flot antique de lumière,

Lys ! et l'un de vous tous pour l'ingénuité.

Autre que ce doux rien par leur lèvre ébruité,

Le baiser, qui tout bas des perfides assure,

Mon sein, vierge de preuve, atteste une morsure

Mystérieuse, due à quelque auguste dent ;

Mais, bast ! arcane tel élut pour confident

Le jonc vaste et jumeau dont sous l'azur on joue :

Qui, détournant à soi le trouble de la joue,

Rêve, dans un solo long, que nous amusions

La beauté d'alentour par des confusions

Fausses entre elle-même et notre chant crédule ;

Et de faire aussi haut que l'amour se module

Évanouir du songe ordinaire de dos

Ou de flanc pur suivis avec mes regards clos,

Une sonore, vaine et monotone ligne.

Tâche donc, instrument des fuites, ô maligne

Syrinx, de refleurir aux lacs où tu m'attends !

Moi, de ma rumeur fier, je vais parler longtemps

Des déesses ; et, par d'idolâtres peintures,

A leur ombre enlever encore des ceintures :

Ainsi, quand des raisins j'ai sucé la clarté,

Pour bannir un regret par ma feinte écarté,

Rieur, j'élève au ciel d'été la grappe vide

Et, soufflant dans ses peaux lumineuses, avide

D'ivresse, jusqu'au soir je regarde au travers.

O nymphes, regonflons des SOUVENIRS divers.

» *Mon œil, trouant les joncs, dardait chaque encolure*

» *Immortelle, qui noie en l'onde sa brûlure*

» *Avec un cri de rage au ciel de la forêt ;*

» *Et le splendide bain de cheveux disparaît*

» *Dans les clartés et les frissons, ô pierreries !*

» *J'accours ; quand, à mes pieds, s'entrejoignent*

(meurtries

» *De la langueur goûtée à ce mal d'être deux)*

» *Des dormeuses parmi leurs seuls bras hazardeux ;*

» *Je les ravis, sans les désenlacer, et vole*

» *A ce massif haï par l'ombrage frivole,*

» *De roses tarissant tout parfum au soleil,*

» *Où notre ébat au jour consumé soit pareil.*

Je t'adore, courroux des vierges, ô délice

Farouche du sacré fardeau nu qui se glisse

Pour fuir ma lèvre en feu buvant, comme un éclair

Tressaille ! la frayeur secrète de la chair :

Des pieds de l'inhumaine au cœur de la timide

Que délaisse à la fois une innocence, humide

De larmes folles ou de moins tristes vapeurs.

» *Mon crime, c'est d'avoir, gai de vaincre ces peurs*

» *Traîtresses, divisé la touffe échevelée*

» *De baisers que les dieux gardaient si bien mêlée ;*

» *Car, à peine j'allais cacher un rire ardent*

» *Sous les replis heureux d'une seule (gardant*

» *Par un doigt simple, afin que sa candeur de plume*

» *Se teignît à l'émoi de sa sœur qui s'allume,*

» La petite naïve et ne rougissant pas :)

» Que de mes bras, défaits par de vagues trépas,

» Cette proie, à jamais ingrate se délivre

» Sans pitié du sanglot dont j'étais encor ivre. »

Tant pis ! vers le bonheur d'autres m'entraîneront

Par leur tresse nouée aux cornes de mon front :

Tu sais, ma passion, que, pourpre et déjà mûre,

Chaque grenade éclate et d'abeilles murmure ;

Et notre sang, épris de qui le va saisir,

Coule pour tout l'essaim éternel du désir.

A l'heure où ce bois d'or et de cendres se teinte

Une fête s'exalte en la feuillée éteinte :

Etna ! c'est parmi toi visité de Vénus

Sur ta lave posant ses talons ingénus,

Quand tonne un somme triste ou s'épuise la flamme.

Je tiens la reine !

O sûr châtiment...

Non, mais l'âme

De paroles vacante et ce corps alourdi
Tard succombent au fier silence de midi :
Sans plus il faut dormir en l'oubli du blasphème,
Sur le sable altéré gisant et comme j'aime
Ouvrir ma bouche à l'astre efficace des vins !

Couple, adieu ; je vais voir l'ombre que tu devins.

II

PROSE

POÈMES DE POE

LE TOMBEAU D'EDGARD POE

Tel qu'en Lui-même enfin l'éternité le change,
Le Poëte suscite avec un glaive nu
Son siècle épouvanté de n'avoir pas connu
Que la mort triomphait dans cette voie étrange !

Eux, comme un vil sursaut d'hydre oyant jadis l'ange
Donner un sens plus pur aux mots de la tribu
Proclamèrent très haut le sortilège bu
Dans le flot sans honneur de quelque noir mélange.

Du sol et de la nue hostiles, ô grief !
Si notre idée avec ne sculpte un bas-relief
Dont la tombe de Poe éblouissante s'orne

Calme bloc ici-bas chu d'un désastre obscur
Que ce granit du moins montre à jamais sa borne
Aux noirs vols du Blasphème épars dans le futur.

LE CORBEAU

Une fois, par un minuit lugubre, tandis
je m'appesantissais, faible et fatigué, sur
maint curieux et bizarre volume de savoir
oublié — tandis que je dodelinais la tête,
somnolant presque, soudain se fit un heurt,
comme de quelqu'un frappant doucement,
frappant à la porte de ma chambre, —
cela seul et rien de plus.

Ah ! distinctement je me souviens que
c'était en le glacial Décembre : et chaque

tison, mourant isolé, ouvrageait son spectre
sur le sol. Ardemment je souhaitais le
jour ; — vainement j'avais cherché d'em-
prunter à mes livres un sursis au chagrin
de la Lénore perdue — de la rare et rayon-
nante jeune fille que les anges nomment
Lénore, — de nom ! pour elle ici, non,
jamais plus !

Et de la soie l'incertain et triste bruis-
sement en chaque rideau purpural me
traversait — m'emplissait de fantastiques
terreurs pas senties encore : si bien que,
pour calmer le battement de mon cœur,
je demeurais maintenant à répéter : « C'est
quelque visiteur qui sollicite l'entrée, à la

porte de ma chambre — quelque visiteur
qui sollicite l'entrée à la porte de ma
chambre, c'est cela et rien de plus. »

Mon âme se fit subitement plus forte et,
n'hésitant davantage : « Monsieur, dis-je,
ou Madame, j'implore véritablement votre
pardon ; mais le fait est que je somnolais,
et vous vîntes si doucement frapper, et si
faiblement vous vîntes heurter, heurter à
la porte de ma chambre, que j'étais à peine
sûr de vous avoir entendu. » Ici j'ouvris
grande la porte : les ténèbres et rien de
plus.

Loin dans l'ombre regardant, je me tins
longtemps à douter, m'étonner et craindre,

à rêver des rêves qu'aucun mortel n'avait
osé rêver encore ; mais le silence ne se
rompit point et la quiétude ne donna de
signe ; et le seul mot qui se dit, fut le mot
chuchoté « Lénore ! » Je le chuchotai — et
un écho murmura de retour le mot « Lé-
nore ! » purement cela et rien de plus.

Rentrant dans la chambre, toute l'âme
en feu, j'entendis bientôt un heurt en
quelque sorte plus fort qu'auparavant.
« Sûrement, dis-je, sûrement c'est quelque
chose à la persienne de ma fenêtre. Voyons
donc ce qu'il y a et explorons ce mystère
— que mon cœur se calme un moment et

explore ce mystère : c'est le vent et rien
de plus. »

Au large je poussai le volet, quand,
avec maints enjouement et agitation d'ailes,
entra un majestueux corbeau des saints
jours de jadis. Il ne fit pas la moindre ré-
vérence, il ne s'arrêta ni n'hésita un ins-
tant ; mais, avec une mine de lord ou de
lady, se percha au-dessus de la porte de
ma chambre — se percha sur un buste de
Pallas, juste au-dessus de la porte de ma
chambre — se percha, siégea et rien de
plus.

Alors cet oiseau d'ébène induisant ma
triste imagination au sourire, par le grave

et sévère décorum de la contenance qu'il
eut : « Quoique ta crête soit chue et rase,
non! dis-je, tu n'es pas, pour sûr, un pol-
tron, spectral, lugubre et ancien Corbeau,
errant loin du rivage de Nuit — dis-moi
quel est ton nom seigneurial au rivage
plutonien de Nuit. » Le Corbeau dit :
« Jamais plus. »

Je m'émerveillai fort d'entendre ce dis-
gracieux volatile s'énoncer aussi claire-
ment, quoique sa réponse n'eût que peu
de sens et peu d'à-propos : car on ne peut
s'empêcher de convenir que nul homme
vivant n'eut encore l'heur de voir un oiseau
au-dessus de la porte de sa chambre — un

oiseau ou toute autre bête sur le buste sculpté au-dessus de la porte de sa chambre — avec un nom tel que : « Jamais plus. »

Mais le Corbeau perché solitairement sur ce buste placide, parla ce seul mot comme si mon âme, en ce seul mot, il la répandait. Je ne proférai donc rien de plus ; il n'agita donc pas de plume, — jusqu'à ce que je fis à peine davantage que marmotter : « D'autres amis déjà ont pris leur vol, — demain il me laissera comme mes espérances déjà ont pris leur vol. » Alors l'oiseau dit : « Jamais plus. »

Tressaillant au calme rompu par une

réplique si bien parlée : « Sans doute,
dis-je, ce qu'il profère est tout son fonds
et son bagage, pris à quelque malheureux
maître que l'impitoyable Désastre suivit
de près et de très près suivit jusqu'à ce
que ses chansons comportassent un unique
refrain ; jusqu'à ce que les chants funèbres
de son Espérance comportassent le mélan-
colique refrain de : « Jamais — jamais
plus. »

Le Corbeau induisant toute ma triste
âme encore au sourire, je roulai soudain
un siège à coussins en face de l'oiseau, et
du buste, et de la porte ; et m'enfonçant
dans le velours, je me pris à enchaîner

songerie à songerie, pensant à ce que cet
augural oiseau de jadis, — à ce que ce
sombre, disgracieux, sinistre, maigre et
augural oiseau de jadis signifiait en croas-
sant : « Jamais plus. »

Cela, je m'assis occupé à le conjecturer,
mais n'adressant pas une syllabe à l'oiseau
dont les yeux de feu brûlaient, maintenant,
au fond de mon sein ; cela et plus encore,
je m'assis pour le deviner, ma tête repo-
sant à l'aise sur la housse de velours des
coussins que dévorait la lumière de la
lampe, housse violette de velours qu'Elle
ne pressera plus, ah ! jamais plus.

L'air, me sembla-t-il, devint alors plus dense, parfumé selon un encensoir invisible balancé par les Séraphins dont le pied, dans sa chute, tintait sur l'étoffe du parquet. « Misérable! m'écriai-je, ton Dieu t'a prêté — il t'a envoyé par ses anges le répit — le répit et le népenthés dans ta mémoire de Lénore! Bois! oh! bois ce bon népenthés et oublie cette Lénore perdue! » Le Corbeau dit : « Jamais plus! »

« Prophète, dis-je, être de malheur! prophète, oui, oiseau ou démon! Que si le Tentateur t'envoya ou la tempête t'échoua vers ces bords, désolé et encore tout indompté, vers cette déserte terre enchan-

tée — vers ce logis par l'horreur hanté :
dis-moi véritablement, je t'implore ! y a-t-il
du baume en Judée ? Dis-moi, je t'implore. »
Le Corbeau dit : « Jamais plus ! »

« Prophète, dis-je, être de malheur,
prophète, oui, oiseau ou démon ! Par les
cieux sur nous épars — et le Dieu que
nous adorons tous deux — dis à cette
âme de chagrin chargée si, dans le distant
Eden, elle doit embrasser une jeune fille
sanctifiée que les anges nomment Lénore,
— embrasser une rare et rayonnante jeune
fille que les anges nomment Lénore. » Le
Corbeau dit : « Jamais plus ! »

« Que ce mot soit le signal de notre séparation, oiseau ou malin esprit, » hurlai-je en me dressant. « Recule en la tempête et le rivage plutonien de Nuit ! Ne laisse pas une plume noire ici comme un gage du mensonge qu'a proféré ton âme. Laisse inviolé mon abandon ! quitte le buste au-dessus de ma porte ! ôte ton bec de mon cœur et jette ta forme loin de ma porte ! » Le Corbeau dit : « Jamais plus ! »

Et le Corbeau, sans voleter, siège encore, — siège encore sur le buste pallide de Pallas, juste au-dessus de la porte de ma chambre, et ses yeux ont toute la semblance des yeux d'un démon qui rêve, et

la lumière de la lampe, ruisselant sur lui,
projette son ombre à terre : et mon âme,
de cette ombre qui gît flottante à terre, ne
s'élèvera — jamais plus.

ULALUME

Les cieux, ils étaient de cendres et graves ;
les feuilles, elles étaient crispées et mornes
— les feuilles, elles étaient périssables et
mornes. C'était nuit en le solitaire Octobre
de ma plus immémoriale année. C'était fort
près de l'obscur lac d'Auber, dans la bru-
meuse moyenne région de Weir — c'était là
près de l'humide marais d'Auber, dans le
bois hanté par les goules de Weir.

Ici, une fois, à travers une allée tita-

nique de cyprès, j'errais avec mon âme ;
une allée de cyprès avec Psyché, mon âme.
C'était au jour où mon cœur était volca-
nique comme les rivières scoriaques qui
roulent — comme les laves qui roulent
instablement leurs sulfureux courants au
bas de l'Yanek, dans les climats extrêmes
du pôle boréal — qui gémissent tandis
qu'elles roulent au bas du Mont Yanek dans
les régions du pôle boréal.

Notre entretien avait été sérieux et grave :
mais, nos pensées, elles étaient paralysées
et mornes, nos souvenirs étaient traîtres et
mornes, — car nous ne savions pas que le
mois était Octobre et nous ne remarquions

pas la nuit de l'année (ah! nuit de toutes les nuits de l'année); nous n'observions pas l'obscur lac d'Auber — bien qu'une fois nous ayons voyagé par là, — nous ne nous rappelions pas l'humide marais d'Auber, ni le pays de bois hanté par les goules de Weir.

Et maintenant comme la nuit vieillissait et que le cadran des étoiles indiquait le matin — à la fin de notre sentier un liquide et nébuleux éclat vint à naître, hors duquel un miraculeux croissant se leva avec une double corne — le croissant diamenté d'Aclarté distinct avec sa double corne.

Et je dis : « Elle est plus tiède que Diane ;
elle roule à travers un éther de soupirs :
elle jubile dans une région de soupirs, —
elle a vu que les larmes ne sont pas sèches
sur ces joues où le ver ne meurt jamais et
elle est venue passé les étoiles du Lion
pour nous désigner le sentier vers les
cieux — vers la léthéenne paix des cieux ; —
jusque-là venue en dépit du Lion, pour
resplendir sur nous de ses yeux brillants —
jusque-là venue à travers l'antre du Lion,
avec l'amour dans ses yeux lumineux.

Mais Psyché, élevant son doigt, dit : « Tris-

tement, de cette étoile je me défie —
de sa pâleur, étrangement, je me défie.
Oh ! hâte-toi ! Oh ! ne nous attardons pas !
Oh ! fuis — et fuyons, il le faut. » Elle
parla dans la terreur, laissant s'abattre
ses plumes jusqu'à ce que ses ailes traî-
nassent en la poussière — jusqu'à ce
qu'elles traînèrent tristement dans la pous-
sière.

Je répliquai : « Ce n'est rien que songes ;
continuons par cette vacillante lumière ;
baignons-nous dans cette cristalline lumière !
Sa splendeur sibylline rayonne d'espoir et
de beauté, cette nuit : — vois, elle va,
vibrante, au haut du ciel à travers la nuit !

Ah ! nous pouvons, saufs, nous fier à sa
lueur et être sûrs qu'elle nous conduira
bien, — nous pouvons, saufs, nous fier à
une lueur qui ne sait que nous guider à
bien, puisqu'elle va, vibrante, au haut des
cieux à travers la nuit. »

Ainsi je pacifiai Psyché et la baisai, et
tentai de la ravir à cet assombrissement,
et vainquis ses scrupules et son assombris-
sement; et nous allâmes à la fin de l'allée,
où nous fûmes arrêtés par la porte d'une
tombe ; par la porte, avec sa légende, d'une
tombe, et je dis : « Qu'y a-t-il d'écrit,
douce sœur, sur la porte, avec une légende,
de cette tombe ? » Elle répliqua : « Ula-

lume! Ulalume! C'est le caveau de ta
morte Ulalume ! »

Alors mon cœur devint de cendre et
grave, comme les feuilles qui étaient crispées
et mornes — comme les feuilles qui étaient
périssables et mornes, et je m'écriai : « Ce
fut sûrement en Octobre dans cette même
nuit de l'année dernière, que je voyageai —
je voyageai par ici — que j'apportai un far-
deau redoutable jusqu'ici — dans cette nuit
entre toutes les nuits de l'année, ah! quel
démon m'a tenté vers ces lieux. Je connais
bien, maintenant, cet obscur lac d'Auber —
cette brumeuse moyenne région de Weir :
je connais bien, maintenant, cet obscur lac

d'Auber — cette brumeuse moyenne région
de Weir : je connais bien, maintenant, cet
humide marais d'Auber, et ces pays de
bois hantés par les goules de Weir ! »

LA DORMEUSE

A minuit, au mois de Juin, je suis sous
la lune mystique : une vapeur opiacée,
obscure, humide s'exhale hors de son
contour d'or et, doucement se distillant,
goutte à goutte, sur le tranquille sommet
de la montagne, glisse, avec assoupisse-
ment et musique, parmi l'universelle
vallée. Le romarin salue la tombe, le lys
flotte sur la vague, enveloppant de brume
son sein, voyez ! le lac semble goûter un

sommeil conscient et, pour le monde ne l'éveillerait. Toute Beauté dort : et repose, sa croisée ouverte au ciel, Irène avec ses Destinées !

Oh ! dame brillante, vraiment est-ce bien, cette fenêtre ouverte à la nuit ? Les airs folâtres se laissent choir du haut de l'arbre rieusement par la persienne ; les airs incorporels, troupe magique, voltigent au dedans et au dehors de la chambre, et agitent les rideaux du baldaquin si brus- quement — si terriblement — au-dessus des closes paupières frangées où ton âme en le somme gît cachée, que, le long du plan- cher et en bas du mur, comme des fantômes s'élève et descend l'ombre. Oh ! dame aimée, n'as-tu pas peur ? Pourquoi ou à quoi rêves-tu maintenant ici ? Sûr, tu es venue de par les mers du loin, merveille pour les arbres de ces jardins. Étrange est ta pâleur ! étrange est ta toilette ! étrange par-dessus tout ta longueur de cheveux, et tout ce solennel silence !

La dame dort ! Oh ! puisse son sommeil, qui se prolonge, de même être profond. Le Ciel la tienne en sa garde sacrée. La salle changée en une plus sainte, ce lit en un plus mélancolique, je prie Dieu qu'elle gise à jamais sans que s'ouvre son œil, pendant qu'iront les fantômes aux plis obscurs.

Mon amour, elle dort! oh! puisse son sommeil, comme il est continu, de même être profond. Que doucement autour d'elle rampent les vers! Loin dans la forêt, obscure et vieille, que s'ouvre pour elle quelque haut caveau — quelque caveau qui souvent a fermé les ailes noires de ses oscillants panneaux, triomphal, sur les tentures armoriées des funérailles de sa grande famille — quelque sépulcre, écarté, solitaire, contre le portail duquel elle a lancé, dans sa jeunesse, mainte pierre oisive — quelque tombe hors de la porte retentissante de laquelle elle ne fera plus sortir jamais d'écho, frissonnante de penser, pauvre enfant de péché ! que c'étaient les morts qui gémissaient à l'intérieur.

PLUSIEURS PAGES

LE PHÉNOMÈNE FUTUR

Un ciel pâle, sur le monde qui finit de décrépitude, va peut-être partir avec les nuages ; les lambeaux de la pourpre usée des couchants déteignent dans une rivière dormant à l'horizon submergé de rayons et d'eau. Les arbres s'ennuient, et, sous leur feuillage blanchi (de la poussière du temps plutôt que celle des chemins), monte la maison en toile du Montreur de choses passées ; maint réverbère attend le crépuscule et ravive

les visages d'une malheureuse foule,
vaincue par la maladie immortelle et le
péché des siècles, d'hommes près de
leurs chétives complices enceintes des
fruits misérables avec lesquels périra la
terre. Dans le silence inquiet de tous
les yeux suppliant là-bas le soleil qui,
sous l'eau, s'enfonce avec le désespoir
d'un cri, voici le simple boniment :
« Nulle enseigne ne vous régale du
« spectacle intérieur, car il n'est pas
« maintenant un peintre capable d'en
« donner une ombre triste. J'apporte,
« vivante (et préservée à travers les ans
« par la science souveraine) une Femme
« d'autrefois. Quelque folie, originelle et

« naïve, une extase d'or, je ne sais quoi !

« par elle nommé sa chevelure, se ploie

« avec la grâce des étoffes autour d'un

« visage qu'éclaire la nudité sanglante de

« ses lèvres. A la place du vêtement vain,

« elle a un corps ; et les yeux, semblables

« aux pierres rares ! ne valent pas ce

« regard qui sort de sa chair heureuse ;

« des seins levés comme s'ils étaient pleins

« d'un lait éternel, la pointe vers le ciel,

« aux jambes lisses qui gardent le sel de

« la mer première. » Se rappelant leurs

pauvres épouses, chauves, morbides et

pleines d'horreur, les maris se pressent :

elles aussi par curiosité, mélancoliques,

veulent voir.

Quand tous auront contemplé la noble créature, vestige de quelque époque déjà maudite, les uns indifférents, car ils n'auront pas eu la force de comprendre, mais d'autres navrés et la paupière humide de larmes résignées, se regarderont tandis que les poètes de ces temps, sentant se rallumer leurs yeux éteints, s'achemineront vers leur lampe ; le cerveau ivre un instant d'une gloire confuse, hanté du Rythme et dans l'oubli d'exister à une époque qui survit à la beauté.

PLAINTE D'AUTOMNE

Depuis que Maria m'a quitté pour aller dans une autre étoile — laquelle, Orion, Altaïr, et toi, verte Vénus ? — j'ai toujours chéri la solitude. Que de longues journées j'ai passées seul avec mon chat. Par *seul*, j'entends sans un être matériel, et mon chat est un compagnon mystique, un esprit. Je puis donc dire que j'ai passé de longues journées seul avec mon chat et, seul, avec un des derniers auteurs de la décadence latine ; car depuis que la blanche

créature n'est plus, étrangement et singu-
lièrement j'ai aimé tout ce qui se résumait
en ce mot : chute. Ainsi, dans l'année,
ma saison favorite, ce sont les derniers
jours alanguis de l'été, qui précèdent
immédiatement l'automne, et dans la jour-
née l'heure où je me promène est quand
le soleil se repose avant de s'évanouir,
avec des rayons de cuivre jaune sur les
murs gris et de cuivre rouge sur les car-
reaux. De même la littérature à laquelle
mon esprit demande une volupté sera
la poésie agonisante des derniers moments
de Rome, tant, cependant, qu'elle ne res-
pire aucunement l'approche rajeunissante
des Barbares et ne bégaie point le latin

enfantin des premières proses chrétiennes.

Je lisais donc un de ces chers poèmes
(dont les plaques de fard ont plus de
charme sur moi que l'incarnat de la jeu-
nesse) et plongeais une main dans la four-
rure du pur animal, quand un orgue de
Barbarie chanta languissamment et mélan-
coliquement sous ma fenêtre. Il jouait dans
la grande allée des peupliers dont les
feuilles me paraissent mornes même au
printemps, depuis que Maria a passé là
avec des cierges, une dernière fois. L'ins-
trument des tristes, oui, vraiment : le
piano scintille, le violon ouvre à l'âme
déchirée la lumière, mais l'orgue de Bar-

barie, dans le crépuscule du souvenir, m'a
fait désespérément rêver. Maintenant qu'il
murmurait un air joyeusement vulgaire et
qui mit la gaîté au cœur des faubourgs,
un air suranné, banal, : d'où vient que sa
ritournelle m'allait à l'âme et me faisait
pleurer comme une ballade romantique ?
Je la savourai lentement et je ne lançai
pas un sou par la fenêtre de peur de me
déranger et de m'apercevoir que l'instru-
ment ne chantait pas seul.

FRISSON D'HIVER

Cette pendule de Saxe, qui retarde et sonne treize heures parmi ses fleurs et ses dieux, à qui a-t-elle été? Pense qu'elle est venue de Saxe par les longues diligences, autrefois.

(De singulières ombres pendent aux vitres usées.)

Et ta glace de Venise, profonde comme

une froide fontaine, en un rivage de guivres dédorées, qui s'y est miré ? Ah ! je suis sûr que plus d'une femme a baigné dans cette eau le péché de sa beauté ; et peut-être verrais-je un fantôme nu si je regardais longtemps.

— Vilain, tu dis souvent de méchantes choses...

(Je vois des toiles d'araignées au haut des grandes croisées.)

Notre bahut encore est très vieux : contemple comme ce feu rougit son triste

bois ; les rideaux amortis ont son âge, et
la tapisserie des fauteuils dénués de fard,
et les anciennes gravures des murs, et
toutes nos vieilleries ? Est-ce qu'il ne te
semble pas, même, que les bengalis et
l'oiseau bleu ont déteint avec le temps.

(Ne songe pas aux toiles d'araignées qui
tremblent au haut des grandes croisées.)

Tu aimes tout cela et voilà pourquoi je
puis vivre auprès de toi. N'as-tu pas désiré,
ma sœur au regard de jadis, qu'en un de
mes poèmes apparussent ces mots « la
grâce des choses fanées » ? Les objets neufs

te déplaisent ; à toi aussi, ils font peur
avec leur hardiesse criarde, et tu te senti-
rais le besoin de les user, ce qui est bien
difficile à faire pour ceux qui ne goûtent
pas l'action.

Viens, ferme ton vieil almanach alle-
mand, que tu lis avec attention, bien qu'il
ait paru il y a plus de cent ans et que les
rois qu'il annonce soient tous morts, et,
sur l'antique tapis couché, la tête appuyée
parmi tes genoux charitables dans ta robe
pâlie, ô calme enfant, je te parlerai pen-
dant des heures ; il n'y a plus de champs

et les rues sont vides, je te parlerai de nos meubles.. Tu es distraite ?

(Ces toiles d'araignées grelottent au haut des grandes croisées.)

LA PIPE

Hier, j'ai trouvé ma pipe en rêvant une
longue soirée de travail, de beau travail
d'hiver. Jetées les cigarettes avec toutes
les joies enfantines de l'été dans le passé
qu'illuminent les feuilles bleues de soleil,
les mousselines et reprise ma grave pipe
par un homme sérieux qui veut fumer
longtemps sans se déranger, afin de
mieux travailler : mais je ne m'atten-
dais pas à la surprise que me préparait
cette délaissée, à peine eus-je tiré une

première bouffée j'oubliai mes grands
livres à faire, émerveillé, attendri, je res-
pirai l'hiver dernier qui revenait. Je n'avais
pas touché à la fidèle amie depuis ma
rentrée en France, et tout Londres,
Londres tel que je l'ai vécu en entier à
moi seul il y a un an, est apparu ;
d'abord ces chers brouillards qui emmi-
touflent nos cervelles et ont, là-bas, une
odeur à eux, quand ils pénètrent sous les
croisées. Mon tabac sentait une chambre
sombre aux meubles de cuir saupoudrés
par la poussière du charbon sur lesquels
se roulait le maigre chat noir ; les grands
feux ! et la bonne aux bras rouges versant
les charbons, et le bruit de ces charbons

tombant du seau de tôle dans la corbeille
de fer, le matin — alors que le facteur
frappait les deux coups solennels qui me
faisaient vivre! J'ai revu par la fenêtre ces
arbres malades du square désert — j'ai
vu le large si souvent traversé, cet hiver-
là, grelottant sur le pont du steamer
mouillé de bruine et noirci de fumée —
avec ma pauvre bien-aimée errante, en
habits de voyageuse, une longue robe grise
couleur de la poussière des routes, un
manteau qui collait humide à ses épaules
froides, un de ces chapeaux de paille sans
plume et presque sans rubans, que les
riches dames jettent en arrivant, tant ils
sont déchiquetés par l'air de la mer et que

les pauvres bien-aimées regarnissent pour
bien des saisons encore. Autour de son cou
s'enroulait le terrible mouchoir qu'on agite
en se disant adieu pour toujours.

LA PÉNULTIÈME

Des paroles inconnues chantèrent-elles sur vos lèvres, lambeaux maudits d'une phrase absurde ?

Je sortis de mon appartement avec la sensation propre d'une aile glissant sur les cordes d'un instrument, traînante et légère, que remplaça une voix prononçant les mots sur un ton descendant : « La Pénultième est morte », de façon que

La Pénultième

finit le vers et

Est morte

se détacha

de la suspension fatidique plus inutilement
en le vide de signification. Je fis des pas
dans la rue et reconnus en le son *nul* la
corde tendue de l'instrument de musique,
qui était oublié et que le glorieux Souvenir
certainement venait de visiter de son aile
ou d'une palme et, le doigt sur l'artifice
du mystère, je souris et implorai de vœux
intellectuels une spéculation différente. La

phrase revint, virtuelle, dégagée d'une
chute antérieure de plume ou de rameau,
dorénavant à travers la voix entendue, jus-
qu'à ce qu'enfin elle s'articula seule, vivant
de sa personnalité. J'allais (ne me conten-
tant plus d'une perception) la lisant en fin
de vers, et, une fois, comme un essai, l'a-
daptant à mon parler; bientôt la pronon-
çant avec un silence après « Pénultième »,
dans lequel je trouvais une pénible jouis-
sance: « La Pénultième — », puis la corde
de l'instrument, si tendue en l'oubli sur le
son *nul*, cassait sans doute, et j'ajoutais en
manière d'oraison : « Est morte. » Je ne dis-
continuai pas de tenter un retour à des
pensées de prédilection, alléguant, pour me

calmer, que, certes, pénultième est le terme
du lexique qui signifie l'avant-dernière syl-
labe des vocables, et son apparition, le reste
mal abjuré d'un labeur de linguistique par
lequel quotidiennement sanglote de s'inter-
rompre ma noble faculté poétique : la sono-
rité même et l'air de mensonge assumé par
la hâte de la facile affirmation étaient une
cause de tourment. Harcelé, je résolus de
laisser les mots de triste nature errer d'eux-
mêmes sur ma bouche, et j'allai murmu-
rant avec l'intonation susceptible de con-
doléance : « La Pénultième est morte, elle
est morte, bien morte, la désespérée Pénul-
tième », croyant par là satisfaire l'inquié-
tude, et non sans le secret espoir de l'ense-

velir en l'amplification de la psalmodie
quand, effroi ! — d'une magie aisément dé-
ductible et nerveuse — je sentis que j'avais,
ma main réfléchie par un vitrage de bou-
tique y faisant le geste d'une caresse qui
descend sur quelque chose, la voix même
(la première, qui indubitablement avait été
l'unique).

Mais où s'installe l'irrécusable interven-
tion du surnaturel, et le commencement de
l'angoisse sous laquelle agonise mon esprit
naguère seigneur, c'est quand je vis, levant
les yeux, dans la rue des antiquaires ins-
tinctivement suivie, que j'étais devant la

boutique d'un luthier vendeur de vieux instruments pendus au mur, et, à terre, des palmes jaunes et les ailes enfouies en l'ombre, d'oiseaux anciens. Je m'enfuis, bizarre, personne condamnée à porter probablement le deuil de l'inexplicable Pénultième.

LA GLOIRE

« La Gloire ! je ne la sus qu'hier, irréfra-
gable, et rien ne m'intéressera d'appelé par
quelqu'un ainsi.

» Cent affiches s'assimilant l'or incom-
pris des jours, trahison de la lettre, ont
fui, comme à tous confins de la ville, mes
yeux au ras de l'horizon par un départ sur
le rail traînés avant de se recueillir dans
l'abstruse fierté que donne une approche
de forêt en son temps d'apothéose.

» Si discord parmi l'exaltation de l'heure, un cri faussa ce nom connu pour déployer la continuité de cimes tard évanouies, Fontainebleau, que je pensai, la glace du compartiment violentée, du poing aussi étreindre à la gorge l'interrupteur : Tais-toi ! ne divulgue pas du fait d'un aboi indifférent l'ombre ici insinuée dans mon esprit, aux portières de wagons battant sous un vent inspiré et égalitaire, les touristes omniprésents vomis. Une quiétude menteuse de riches bois suspend alentour quelque extraordinaire état d'illusion, que me réponds-tu ? qu'ils ont, ces voyageurs, pour ta gare aujourd'hui quitté la capitale, bon employé vociférateur par devoir et dont je n'attends, loin d'accaparer une ivresse à tous départie par les libéralités conjointes de la Nature et de l'État, rien qu'un silence prolongé le temps de m'isoler de la délégation urbaine vers l'extatique torpeur de ces feuillages là-bas trop immobilisés pour qu'une crise ne les éparpille bientôt dans l'air ; voici, sans attenter à ton intégrité, tiens, une monnaie.

» Un uniforme inattentif m'invitant vers quelque barrière, je remets sans dire mot, au lieu du suborneur métal, mon billet.

» Obéi pourtant, oui, à ne voir que l'asphalte s'étaler nette de pas, car je ne peux encore imaginer qu'en ce pompeux octobre exceptionnel! du million d'existences étageant leur vacuité en tant qu'une monotonie énorme de capitale dont va s'effacer ici la hantise avec le coup de sifflet sous la brume, aucun furtivement évadé que moi n'ait senti qu'il est, cet an, d'amers et lumineux sanglots, mainte indécise flottaison d'idée désertant les hasards comme des branches, tel frisson et ce qui fait penser à un automne sous les cieux.

» Personne et, les bras de doute envolés comme qui porte aussi un lot d'une splendeur secrète, trop inappréciable trophée

pour paraître! mais sans du coup m'élan-
cer dans cette diurne veillée d'immortels
troncs au déversement sur un d'orgueils
surhumains (or ne faut-il pas qu'on en
constate l'authenticité?) ni passer le seuil
où des torches consument, dans une haute
garde, tous rêves antérieurs à leur éclat
répercutant en pourpre dans la nue l'uni-
versel sacre de l'intrus royal qui n'aura eu
qu'à venir : j'attendis, pour l'être, que lent
et repris du mouvement ordinaire, se rédui-
sît à des proportions d'une chimère puérile
emportant du monde quelque part, le train
qui m'avait là déposé seul. »

LE NÉNUPHAR BLANC

J'avais beaucoup ramé, d'un grand geste net et assoupi, les yeux au dedans fixés sur l'entier oubli d'aller, comme le rire de l'heure coulait alentour. Tant d'immobilité paraissait que frôlé d'un bruit inerte où fila jusqu'à moitié la yole, je ne vérifiai l'arrêt qu'à l'étincellement stable d'initiales sur les avirons mis à nu, ce qui me rappela à mon identité mondaine.

Qu'arrivait-il, où étais-je ?

Il fallut, pour voir clair en l'aventure, me remémorer mon départ tôt, ce juillet de flamme, sur l'intervalle vif entre ses végétations dormantes d'un toujours étroit et distrait ruisseau, en quête des floraisons d'eau et avec un dessein de reconnaître l'emplacement occupé par la propriété de l'amie d'une amie, à qui je devais improviser un bonjour. Sans que le ruban d'aucune herbe me retînt devant un paysage plus que l'autre chassé avec son reflet en l'onde par le même impartial coup de rame, je venais échouer dans quelque touffe de roseaux, terme mystérieux de ma course, au milieu de la rivière : où tout de suite élargie en

fluvial bosquet, elle étale un nonchaloir
d'étang plissé de hésitations à partir qu'a
une source.

L'inspection détaillée m'apprit que cet
obstacle de verdure en pointe sur le cou-
rant, masquait l'arche unique d'un pont
prolongé, à terre, d'ici et de là, par une
haie clôturant des pelouses. Je me rendis
compte. Simplement le parc de Madame..,
l'inconnue à saluer.

Un joli voisinage, pendant la saison, la
nature d'une personne qui s'est choisi re-
traite aussi humidement impénétrable ne
pouvant être que conforme à mon goût.

Sûr, elle avait fait de ce cristal son miroir intérieur à l'abri de l'indiscrétion éclatante des après-midi ; elle y venait et la buée d'argent glaçant des saules ne fut bientôt que la limpidité de son regard habitué à chaque feuille.

Toute je l'évoquais lustrale.

Courbé dans la sportive attitude où me maintenait de la curiosité, comme sous le silence spacieux de ce que s'annonçait l'étrangère, je souris au commencement d'esclavage dégagé par une possibilité féminine : que ne signifiaient pas mal les courroies attachant le soulier du rameur au bois de l'embarcation, comme on ne fait qu'un avec l'instrument de ses sortilèges.

« — Aussi bien une quelconque.. » allais-je terminer.

Quand un imperceptible bruit me fit douter si l'habitante du bord hantait mon loisir, ou inespérément le bassin.

Le pas cessa, pourquoi ?

Subtil secret des pieds qui vont, viennent,

conduisent l'esprit où le veut la chère ombre enfouie en de la batiste et les dentelles d'une jupe affluant sur le sol comme pour circonvenir du talon à l'orteil, dans une flottaison, cette initiative par quoi la marche s'ouvre, tout au bas et les plis rejetés en traîne, une échappée, de sa double flèche savante.

Connaît-elle un motif à sa station, elle-même la promeneuse : et n'est-ce, moi, tendre trop haut la tête, pour ces joncs à ne dépasser et toute la mentale somnolence où se voile ma lucidité, que d'interroger jusque-là le mystère.

« — A quel type s'ajustent vos traits, je
sens leur précision, Madame, interrompre
chose installée ici par le bruissement d'une
venue, oui! ce charme instinctif d'en des-
sous que ne défend pas contre l'explora-
teur la plus authentiquement nouée, avec
une boucle en diamant, des ceintures. Si
vague concept se suffit : et ne transgresse
point le délice empreint de généralité qui
permet et ordonne d'exclure tous visages,
au point que la révélation d'un (n'allez point
le pencher, avéré, sur le furtif seuil où je
règne) chasserait mon trouble, avec lequel
il n'a que faire. »

Ma présentation, en cette tenue de maraudeur aquatique, je la peux tenter, avec l'excuse du hasard.

Séparés, on est ensemble : je m'immisce à de sa confuse intimité, dans ce suspens sur l'eau où mon songe attarde l'indécise, mieux que visite, suivie d'autres, ne l'autorisera. Que de discours oiseux en comparaison de celui que je tins pour n'être pas entendu, faudra t-il, avant de retrouver aussi intuitif accord que maintenant, l'ouïe au ras de l'acajou vers le sable entier qui s'est tu !

La pause se mesure au temps de ma détermination.

Conseille, ô mon rêve, que faire ?

Résumer d'un regard la vierge absence éparse en cette solitude et, comme on cueille, en mémoire d'un site, l'un de ces magiques nénuphars clos qui y surgissent tout à coup, enveloppant de leur creuse blancheur un rien, fait de songes intacts, du bonheur qui n'aura pas lieu et de mon souffle ici retenu dans la peur d'une apparition, partir avec tacitement, en déramant

peu à peu sans du heurt briser l'illusion ni
que le clapotis de la bulle visible d'écume
enroulée à ma fuite ne jette aux pieds sur-
venus de personne la ressemblance trans-
parente du rapt de mon idéale fleur.

Si, attiré par un sentiment d'insolite,
elle a paru, la Méditative ou la Hautaine,
la Farouche, la Gaie, tant pis pour cette
indicible mine que j'ignore à jamais ! car
j'accomplis selon les règles la manœuvre :
me dégageai, virai et je contournais déjà
une ondulation du ruisseau, emportant
comme un noble œuf de cygne, tel que n'en
jaillira le vol, mon imaginaire trophée, qui
ne se gonfle d'autre chose sinon de la

vacance exquise de soi qu'aime, l'été, à
poursuivre, dans les allées de son parc,
toute dame, arrêtée parfois et longtemps,
comme au bord d'une source à franchir ou
de quelque pièce d'eau.

L'ECCLÉSIASTIQUE

Les printemps poussent l'organisme à des actes qui, dans une autre saison, lui sont inconnus, et maint traité d'histoire naturelle abonde en descriptions de ce phénomène, chez les animaux. Qu'il serait d'un intérêt plus plausible de recueillir certaines des altérations qu'apporte l'instant climatérique dans les allures d'individus faits pour la spiritualité ! Mal quitté par l'ironie de l'hiver, j'en retiens, quant à moi, un état équivoque tant que ne s'y substitue pas un

naturalisme absolu ou naïf, capable de pour-
suivre une jouissance dans la différencia-
tion de plusieurs brins d'herbes. Rien dans
le cas actuel n'apportant de profit à la foule,
j'échappe, pour le méditer, sous quelques
ombrages environnant d'hier la ville : or
c'est de leur mystère presque banal que
j'exhiberai un exemple saisissable et frap-
pant des inspirations printanières.

Vive fut tout à l'heure dans un endroit
peu fréquenté du bois de Boulogne, ma sur-
prise quand, sombre agitation basse, je vis,
par les mille interstices d'arbustes bons à
ne rien cacher, total et des battements su-
périeurs du tricorne s'animant jusqu'à des

souliers affermis par des boucles en argent,
un ecclésiastique, qui, à l'écart des té-
moins, répondait aux sollicitations du ga-
zon. A moi ne plût (et rien de pareil ne sert
les desseins providentiels) que, coupable à
l'égal d'un faux scandalisé se saisissant
d'un caillou du chemin, j'amenasse par
mon sourire même d'intelligence, une rou-
geur sur le visage à deux mains voilé de
ce pauvre homme, autre que celle sans
doute trouvée dans son solitaire exercice !
Le pied vif, il me fallut, pour ne produire,
par ma présence, de distraction, user
d'adresse ; et fort contre la tentation d'un
regard porté en arrière, me figurer en esprit
l'apparition quasi diabolique qui continuait

à froisser le renouveau de ses côtes, à droite, à gauche et du ventre, en obtenant une chaste frénésie. Tout, se frictionner ou jeter les membres, se rouler, glisser, aboutissait à une satisfaction : et s'arrêter, interdit du chatouillement de quelque haute tige de fleur à de noirs mollets, parmi cette robe spéciale portée avec l'apparence qu'on est pour soi tout même sa femme. Solitude, froid silence épars dans la verdure, perçus par des sens moins subtils qu'inquiets, vous connûtes les claquements furibonds d'une étoffe, comme si la nuit absconse en ses plis en sortait enfin secouée! et les heurts sourds contre la terre du squelette rajeuni; mais l'énergumène n'avait

point à vous contempler. Hilare, c'était
assez de chercher en soi la cause d'un plai-
sir ou peut-être d'un devoir, qu'expliquait
mal un retour, devant une pelouse, aux
gambades du séminaire. L'influence du
souffle vernal doucement dilatant les im-
muables textes inscrits en sa chair, lui
aussi, enhardi, de ce trouble agréable à sa
stérile pensée, était venu reconnaître par
un contact avec la Nature, immédiat, net,
violent, positif, dénué de toute curiosité
intellectuelle, le bien-être général; et can-
didement, loin des obédiences et de la con-
trainte de son occupation, des canons, des
interdits, des censures, il se roulait, dans
la béatitude de sa simplicité native, plus

heureux qu'un âne. Que le but de sa pro-
menade atteint, se soit, droit et d'un jet,
relevé non sans secouer les pistils et es-
suyer les sucs attachés à sa personne, le
héros de ma vision, pour rentrer, inaperçu,
dans la foule et les habitudes de son minis-
tère, je ne songe à rien nier ; mais j'ai le
droit de ne point considérer cela. Ma dis-
crétion vis-à-vis d'ébats d'abord apparus
n'a-t-elle pas pour récompense d'en fixer à
jamais comme une rêverie de passant se
plut à la compléter, l'image marquée d'un
sceau mystérieux de modernité, à la fois
baroque et belle ?

MORCEAU POUR RÉSUMER VATHEK

L'histoire du calife Vathek commence au faîte d'une tour d'où se lit le firmament, pour finir bas dans un souterrain enchanté ; tout le laps de tableaux graves ou riants et de prodiges séparant ces extrêmes. Architecture magistrale de la fable et son concept non moins beau ! Quelque chose de fatal ou comme d'inhérent à une loi hâte du pouvoir aux enfers la descente faite par un prince, accompagné de son royaume ; seul, au bord du précipice : il a voulu nier

la religion d'État à laquelle se lasse l'om-
nipotence d'être conjointe du fait de l'uni-
-verselle génuflexion, pour des pratiques de
magie, alliées au désir insatiable. L'aven-
ture des antiques dominations tient dans
ce drame, où agissent trois personnages
qui sont une mère perverse et chaste,
proie d'ambitions et de rites, et une nubile
amante ; en sa singularité seul digne de
s'opposer au despote, hélas ! un languide,
précoce mari, lié par de joueuses fiançailles.
Ainsi répartie et entre de délicieux nains
dévots, des goules, puis d'autres figurants
qu'elle accorde avec le décor mystique ou
terrestre, de la fiction sort un appareil
insolite : oui, les moyens méconnus autrefois

de l'art de peindre, tels qu'accumulation
d'étrangetés produite simplement pour leur
caractère unique ou de laideur, une bouffon-
nerie irrésistible et ample, montant en un
crescendo quasi lyrique, la silhouette des
passions ou de cérémonials et que n'ajouter
pas ? A peine si la crainte de s'attarder à
de ces détails, y perdant de vue le dessin
de tel grand songe surgi à la pensée du nar-
rateur, le fait par trop abréger ; il donne
une allure cursive à ce que le développe-
ment eût accusé. Tant de nouveauté et la
couleur locale, sur quoi se jette au passage
le moderne goût pour faire comme, avec,
une orgie, seraient peu, en raison de la
grandeur des visions ouvertes par le sujet;

où cent impressions, plus captivantes
même que des procédés, se dévoilent à leur
tour. Les isoler par formules distinctes et
brèves, le faut-il ? et j'ai peur de ne rien
dire en énonçant *la tristesse de perspectives
monumentales très vastes*, jointe *au mal
d'un destin supérieur ;* enfin *l'effroi* causé
par *des arcanes* et *le vertige* par *l'exagé-
ration orientale des nombres ; le remords*
qui s'installe *de crimes vagues ou incon-
nus ; les langueurs virginales de l'innocence
et de la prière ; le blasphème, la méchanceté,
la foule* (*).. Une poésie (que l'origine n'en
soit ailleurs ni l'habitude chez nous) bien
inoubliablement liée au livre apparaît dans

(*) Citations.

quelque étrange juxtaposition d'innocence quasi idyllique avec les solennités énormes ou vaines de la magie : alors se teint et s'avive, comme des vibrations noires d'un astre, la fraîcheur de scènes naturelles, jusqu'au malaise ; mais non sans rendre à cette approche du rêve quelque chose de plus simple et de plus extraordinaire.

VILLIERS DE L'ISLE-ADAM

SOUVENIR

Nul, que je me rappelle, ne fut, par un vent d'illusion, engouffré dans les plis visibles tombant de son geste ouvert qui signifiait : « Me voici », avec une impulsion aussi véhémente et surnaturelle, poussé, que jadis cet adolescent ; ou ne connut à ce moment de la jeunesse dans lequel fulgure le destin entier, non le sien, mais celui possible de l'Homme ! la scintillation mentale qui désigne le buste à

jamais du diamant d'un ordre solitaire,
ne serait-ce qu'en raison du regard abdiqué
par la conscience des autres. Je ne sais pas,
mais je crois, en réveillant ces souvenirs
de primes années, que vraiment l'arrivée
fut extraordinaire, ou que nous étions bien
fous ! les deux peut-être et me plais à l'af-
firmer. Il agitait aussi des drapeaux de
victoire très anciens, ou futurs, ceux-là
mêmes qui laissent de l'oubli des piliers
choir leur flamme amortie brûlant encore :
je jure que nous les vîmes.

Ce qu'il voulait, ce survenu, en effet, je
pense sérieusement que c'était : régner. Ne
s'avisa-t-il pas, les gazettes indiquant la
vacance d'un trône, celui de Grèce, incon-

tinent d'y faire valoir ses droits, en vertu
de suzerainetés ancestoriales, aux Tuile-
ries : réponse, qu'il repassât, le cas échéant,
une minute auparavant on en avait dis-
posé. La légende vraisemblable, ne fut
jamais, par l'intéressé, démentie. Aussi ce
candidat, à toute majesté survivante,
d'abord élut-il domicile chez les poëtes ;
cette fois, décidé, il le disait, assagi, clair-
voyant « avec l'ambition — d'ajouter à
l'illustration de ma race la seule gloire
vraiment noble de nos temps, celle *d'un
grand écrivain* ». La devise est restée.

Quel rapport pourrait-il y avoir entre
des marches doctes au souffle de chesnaies
près le bruit de mer ; ou que la solitude

ramenée à soi-même sous le calme nobi-
·liaire et provincial de quelque hôtel désert
.de l'antique Saint-Brieuc, se concentrât
-pour en surgir, en tant que silence tonnant
des orgues dans la retraite de mainte abbaye
consultée par une juvénile science et, cette
fois, un groupe, en plein Paris perdu, de
plusieurs bacheliers eux-mêmes intuitifs à
·se rejoindre, au milieu de qui exactement
tomba le jeune Philippe-Auguste Mathias
de si prodigieux nom. Rien ne troublera,
pour moi, ni dans l'esprit de plusieurs
hommes, aujourd'hui dispersés, la vision
de l'arrivant. Éclair, oui, cette réminis-
cence restera dans la mémoire de chacun,
n'est-ce pas, les assistants? François Cop-

pée, Dierx, Hérédia, Paul Verlaine, rappe-
lez-vous ! et Catulle Mendès.

Un génie ! nous le comprîmes tel.

Dans ce touchant conclave qui, au début
de chaque génération, pour entretenir à
tout le moins un reflet du saint éclat,
assemble des jeunes gens, en cas qu'un
d'eux se décèle l'Élu : on le sentit tout de
suite là présent, tous subissant la même
commotion.

Je le revois.

Ses aïeux étaient dans le rejet par un
mouvement à sa tête habituel, en arrière,
dans le passé, d'une vaste chevelure cen-
drée indécise, avec un air de : « Qu'ils y
restent, je saurai faire, quoique cela soit

plus difficile maintenant ; » et nous ne
doutions pas que son œil bleu pâle, em-
prunté à des cieux autres que les vulgaires,
ne se fixât sur l'exploit philosophique pro-
chain, de nous irrêvé.

Certainement, il surprit ce groupe où,
non sans raison, comme parmi ses congé-
nères il avait atteri d'autant mieux, qu'à
de hauts noms, comme Rodolphe-le-Bel,
seigneur de Villiers et de Dormans, 1067,
le fondateur — Raoul, sire de Villiers-le-
Bel, en 1146, Jean de Villiers, mari en 1324
de Marie de l'Isle, et leur fils, Pierre Ier
qui, la famille éteinte des seigneurs de
l'Isle-Adam, est le premier Villiers de
l'Isle-Adam — Jean de Villiers, petit-fils,

maréchal de France qui se fit héroïquement
massacrer, ici même, à Bruges, en 1437,
pour le duc de Bourgogne — enfin le pre-
mier des grands maîtres de Malte propre-
ment dits, par cela qu'il fut le dernier des
grands maîtres de Rhodes, le vaincu va-
leureux de Soliman, du fait de Charles-
Quint restauré, Philippe de Villiers de
l'Isle-Adam, honneur des chevaliers de
Saint-Jean de Jérusalem (la sonorité se fait
plus générale); à tant d'échos, après tout
qui somnolent dans les traités ou les gé-
néalogies, le dernier descendant vite mêlait
d'autres noms, qui pour nous, artistes unis
dans une tentative restreinte, je vais dire
laquelle, comportaient peut-être un égal

lointain, encore qu'ils fussent plutôt de
notre monde : Saint-Bernard, Kant, le Tho-
mas de la Somme, principalement un dé-
signé par lui, le Titan de l'Esprit Humain,
Hégel, dont le singulier lecteur semblait
aussi se revendiquer, entre autres cartes
de visite ou lettres de présentation, ayant
compulsé leurs tomes en ces retraites
qu'avec une entente de l'existence moderne
il multipliait, au seuil de ses jours, dans
des monastères, Solesmes, la Trappe et
quelques-uns imaginaires, pour que la soli-
tude y fût complète (parce qu'entré dans la
lutte et la production il n'y a plus à ap-
prendre qu'à ses dépens, la vie). Il lut con-
sidérablement, une fois pour toutes et les

ans à venir, notamment tout ce qui avait
trait à la grandeur éventuelle de l'Homme,
soit en l'histoire, soit interne, voire dans le
doute ici d'une réalisation — autre part, du
fait des promesses, selon la religion : car
il était prudent.

Nous, par une velléité différente, étions
groupés : simplement resserrer une bonne
fois, avant de le léguer au temps, en condi-
tion excellente, avec l'accord voulu et défi-
nitif, un vieil instrument parfois faussé, le
vers français, et plusieurs se montrèrent
dans ce travail d'experts luthiers.

A l'enseigne un peu rouillée maintenant
du *Parnasse Contemporain*, traditionnelle,
le vent l'a décrochée, d'où soufflé? nul ne

le peut dire, indiscutable ; la vieille mé-
trique française (je n'ose ajouter la poésie)
subit, à l'instant qu'il est, une crise mer-
veilleuse, ignorée dans aucune époque,
chez aucune nation, où, parmi les plus zélés
remaniements de tous genres, jamais on ne
touche à la prosodie. Toutefois la précau-
tion parnassienne ne reste pas oiseuse : elle
fournit le point de repère entre la refonte,
toute d'audace, romantique, et la liberté ;
et marque (avant que ne se dissolve, en
quelque chose d'identique au clavier pri-
mitif de la parole, la versification) un jeu
officiel ou soumis au rythme fixe.

Ces visées étaient d'un intérêt moindre
pour un prince intellectuel du fond d'une

lande ou des brumes, et de sa réflexion,
surgi, afin de dominer par quelque moyen
et d'attribuer à sa famille, qui avait attendu
au-delà des temps, une souveraineté récente
quasi mystique — pesait peu dans cette
frêle main, creuset de vérités dont l'effu-
sion devait illuminer — ne signifiait guère,
sauf la particularité peut-être que ces étu-
diants en rareté professaient, le vers n'étant
autre qu'un mot parfait, vaste, natif, une
adoration pour la vertu des mots : celle-ci
ne pouvait être étrangère à qui venait con-
quérir tout avec un mot, son nom, autour
duquel déjà il voyait, à vrai dire, maté-
riellement, se rallumer le lustre, aujour-
d'hui discernable pour notre seul esprit. Le

culte du vocable que le prosateur allait tant,
et plus que personne, solenniser (et lequel
n'est en dehors de toute doctrine, que la
glorification de l'intimité même de la race,
en sa fleur, le parler) serra tout de suite
un lien entre les quelques-uns et lui : non
que Villiers dédaignât le déploiement du
mot en vers, il gardait dans quelque malle,
avec la plaque de Malte, parmi les engins
de captation du monde moderne, un recueil
de poésies, visionnaire déjà, dont il trouva
séant de ne point souffler, parmi ces émail-
leurs et graveurs sur gemmes, préférant se
rendre compte à la dérobée, attitude qui
chez un débutant dénote du caractère.
Même après un laps il fit lapidaire son

enthousiasme et paya la bienvenue, parmi nous, avec des *lieds* ou chants brefs.

Ainsi il vint, c'était tout, pour lui ; pour nous, la surprise même — et toujours, des ans, tant que traîna le simulacre de sa vie, et des ans, jusqu'aux précaires récents derniers, quand chez l'un de nous le timbre de la porte d'entrée suscitait l'attention par quelque son pur, obstiné, fatidique comme d'une heure absente aux cadrans, et qui voulait demeurer, invariablement se répétait pour les amis anciens eux-mêmes vieillis, et malgré la fatigue à présent du visiteur, lassé, cassé, cette obsession de l'arrivée d'autrefois.

Villiers de l'Isle-Adam se montrait.

Toujours, il apportait une fête, et le savait ; et maintenant ce devenait plus beau peut-être, plus humblement beau, ou poignant, cette irruption, des antiques temps, incessamment ressassée, que la première en réalité ; malgré que le mystère par lui quitté jadis, la vague ruine à demi écroulée sur un sol de foi s'y fût à tout jamais tassée ; or, on se doutait entre soi d'autres secrets pas moins noirs, ni sinistres et de tout ce qui assaillait le désespéré seigneur perpétuellement échappé au tourment. La munificence, dont il payait le refuge ! aussitôt dépouillée l'intempérie du dehors ainsi qu'un rude pardessus : l'allé-

gresse de reparaître lui, très correct et
presque élégant nonobstant des difficultés,
et de se mirer en la certitude que dans le
logis, comme en plusieurs, sans préoccu-
pation de dates, du jour, fût-ce de l'an, on
l'attendait — il faut l'avoir ouï six heures
durant quelquefois ! Il se sentait en retard
et pour éviter les explications, trouvait des
raccourcis éloquents, des bonds de pensée
et de tels sursauts, qui inquiétaient le lieu
cordial. A mesure que dans le corps à corps
avec la contrariété s'amoindrissait, dans
l'aspect de l'homme devenu chétif, quelque
trait saillant de l'apparition de jeunesse, à
quoi il ne voulut jamais être inférieur, il le
centuplait par son jeu, de douloureux sous-

entendus ; et signifiait pour ceux auxquels
pas une inflexion de cette voix, et même
le silence ne restait étranger : « J'avais
raison, jadis, de me produire ainsi, dans
l'exagération causée peut-être par l'agran-
dissement de vos yeux ordinaires, certes,
d'un roi spirituel, ou de qui ne doit pas
être ; ne fût-ce que pour vous en donner
l'idée. Histrion véridique, je le fus de
moi-même ! de celui que nul n'atteint en soi,
excepté à des moments de foudre et alors
on l'expie de sa durée, comme déjà ; et vous
voyez bien que cela est (dont vous sentîtes
par moi l'impression, puisque me voici
conscient et que je m'exprime maintenant
en le même langage qui sert, chez autrui,

à se duper, à converser, à se saluer) et
dorénavant le percevrez, comme si, sous
chacun de mes termes, l'or convoité et tu
à l'envers de toute loquacité humaine, à
présent ici s'en dissolvait, irradié, dans
une véracité de trompettes inextinguibles
pour leur supérieure fanfare. »

Il se taisait ; merci, Toi, maintenant
d'avoir parlé, on comprend.

Minuits avec indifférence jetés dans cette
veillée mortuaire d'un homme debout au-
près de lui-même, le temps s'annulait, ces
soirs ; il l'écartait d'un geste, ainsi qu'à
mesure son intarissable parole, comme on
efface, quand cela a servi ; et dans ce
manque de sonnerie d'instant perçue à de

réelles horloges, il paraissait — toute la
lucidité de cet esprit suprêmement net,
même dans des délibérations peu com-
munes, sur quelque chose de mystérieux
fixée comme serait l'évanouissement tardif,
jusqu'à l'espace élargi, du timbre annon-
ciateur, lequel avait fait dire à l'hôte :
« C'est Villiers » quand, affaiblie, une mil-
lième fois se répétait son arrivée de jadis
— discuter anxieusement avec lui-même
un point, énigmatique et dernier, pourtant
à ses yeux clair. Une question d'heure, en
effet, étrange et de grand intérêt, mais
qu'ont occasion de se poser peu d'hommes
ici-bas, à savoir que peut-être lui ne serait
point venu à la sienne, pour que le conflit

fût tel. Si! à considérer l'Histoire il avait
été ponctuel, devant l'assignation du sort,
nullement intempestif, ni répréhensible :
car ce n'est pas contemporainement à une
époque, aucunement, que doivent, pour
exalter le sens, advenir ceux que leur des-
tin chargea d'en être à nu l'expression; ils
sont projetés maint siècle au delà, stupé-
faits, à témoigner de ce qui, normal à
l'instant même, vit tard magnifiquement
par le regret, et trouvera dans l'exil de
leur nostalgique esprit tourné vers le
passé, sa vision pure.

(Fragment d'une Conférence)

DIVAGATION PREMIÈRE

RELATIVEMENT AU VERS

La littérature ici subit une exquise crise,
fondamentale.

A jeter les yeux alentour, chez qui-
conque accorde à cette fonction une place
ou la première, voilà le fait, d'actualité,
Que nous assistons, comme finale de ce
siècle, je ne dirai ainsi que ce fut dans le
dernier, à des bouleversements, mais, hors
de la place publique, à une inquiétude du

voile dans le temple, avec des plis signi-
ficatifs et un peu sa déchirure.

Un lettré français, ses lectures interrom-
pues à la mort de Victor Hugo, il y a quelques
ans, ne peut, s'il les souhaite poursuivre,
qu'être déconcerté. Hugo, dans sa tâche
mystérieuse, rabattit toute la prose, phi-
losophie, éloquence, histoire au vers, et,
comme il était le vers personnellement,
il confisqua chez qui pense, discourre
ou narre, presque le droit à s'énoncer.
Monument en ce désert, avec le silence
loin ; dans une crypte, la divinité ainsi
d'une majestueuse idée inconsciente, à
savoir que la forme appelée vers est sim-

plement elle-même la littérature ; que vers il y a sitôt que s'accentue la diction, rythme dès que style. Notre vers, je le crois, avec respect attendit que le géant qui l'identifiait à sa main tenace et plus ferme toujours de forgeron, vînt à manquer ; pour, lui, se rompre. Toute la langue, ajustée à la métrique, y recouvrant ses coupes vitales, s'évade, selon une libre disjonction aux mille éléments simples ; et, je l'indiquerai, pas sans similitude avec la multiplicité des cris d'une orchestration, qui reste verbale.

La variation date de là : quoique en dessous et d'avance inopinément préparée par

Verlaine, si fluide, revenu à de primitives épellations.

Témoin de cette aventure, où l'on me voulut un rôle plus efficace malgré qu'il n'appartient à personne, j'y dirigeai, au moins, mon ardente attention ; et il se fait temps d'en parler, préférablement à distance ainsi que ce fut presque anonyme.

Accordez que la poésie française, probablement à cause de la primauté jadis assignée à l'inépuisable enchantement de la rime, dans l'évolution jusqu'à nous, s'atteste intermittente : elle brille un laps de soudaine jeunesse ; l'épuise et attend. Extinction, plutôt usure jusqu'à montrer

la trame, ressassemens, grisaille. Le besoin.
de poétiser, à mesure que l'interdisent des
circonstances variées, a fait, maintenant,
après un des orgiaques excès périodiques de
presque un siècle ou comparable à l'unique
Renaissance, quand le tour s'imposait de
l'ombre et du refroidissement, pas du tout !
que l'éclat diffère et continue ; la retrempe,
d'ordinaire cachée, s'exerce publiquement,
par le recours à de délicieux à-peu-près.

J'aimerais départager, sous un aspect
triple, le traitement apporté au canon hié-
ratique du vers ; en graduant.

Vous savez, notre prosodie, règles si

brèves, intraitable d'autant : elle notifie plusieurs actes de prudence, dont l'hémistiche, et le moindre effort pour simuler la versification, à la manière des codes selon quoi s'abstenir de voler est la condition par exemple de droiture. Juste ce qu'il n'importe d'apprendre parce que ne pas l'avoir deviné par soi et d'abord affirme l'inutilité de s'y contraindre.

Les fidèles à l'alexandrin, notre hexamètre, desserrent intérieurement ce mécanisme rigide et puéril de sa mesure ; l'oreille, affranchie d'un compteur factice, éprouve une jouissance à discerner, seule, toutes les combinaisons possibles, entre eux, de douze timbres. Je juge ce goût très moderne.

Un cas, aucunement le moins curieux et intermédiaire, que le suivant. Le poëte d'un tact aigu qui considère cet alexandrin toujours comme le joyau définitif, mais à ne sortir, épée ou fleur, que rarement et d'après quelque motif prémédité, y touche comme pudiquement ou se joue à l'entour, il en octroie de voisins accords, avant de le donner superbe et nu : laissant son doigté défaillir contre la onzième syllabe ou se propager jusqu'à une 'reizième maintes fois. M. Henri de Régnier excelle à ces accompagnements, de son invention,

je sais, discrète et fière comme le talent
qu'il instaura et révélatrice d'un transi-
toire trouble chez les exécutants jeunes
devant l'instrument héréditaire. Autre
chose, ou simplement le contraire, se
décèle une mutinerie exprès, en la vacance
du vieux moule fatigué, quand Jules
Laforgue, pour le début, nous initia au
charme certain du vers faux.

Jusqu'à présent, ou dans l'un et l'autre
des modèles précités, rien, que réserve et
abandon, à cause de la lassitude amenée
par un abus de la cadence nationale, dont
l'emploi, ainsi que celui du drapeau, doit
demeurer exceptionnel. Avec cette parti-

cularité toutefois amusante que des infrac-
tions volontaires ou de savantes disso-
nances en appellent à notre délicatesse,
au lieu que se fût, il y a quinze ans à
peine, le pédant, que nous demeurions,
exaspéré, comme devant quelque sacrilège
ignare ! Je dirai que la réminiscence du
vers strict hante ces jeux à côté et leur con-
fère un profit.

Toute la nouvauté s'installe, relative-
ment au vers libre, pas tel que le dix-sep-
tième siècle l'attribua à la fable ou l'opéra
(ce n'était qu'un agencement, sans la stro-
phe, de mètres divers et notoires) mais, nom-
mons-le, comme il sied, « polymorphe » :

et envisageons la dissolution maintenant du nombre officiel, en ce qu'on veut, à l'infini, pourvu qu'un plaisir s'y réitère. Tantôt une euphonie fragmentée selon l'assentiment du lecteur intuitif, avec une ingénue et précieuse justesse — M. Moréas ; ou bien un geste, alangui, de songerie, sursautant, de passion, lequel suffit à scander — M. Viélé Griffin ; préalablement M. Kahn avec une notation systématique de la valeur tonale des mots. Je ne donne de noms, il en est d'autres typiques, ceux de MM. Charles Morice, Verhaëren, Dujardin, Maëterlinck, Mockel, Retté, que comme preuves à mes dires, afin qu'on se reporte aux publications.

Le remarquable est que, pour la première fois, au cours de l'histoire littéraire d'aucun peuple, concurremment aux grandes orgues générales et séculaires, où s'exalte, d'après un latent clavier, l'orthodoxie, quiconque avec son jeu et son ouïe individuels se peut composer un instrument, dès qu'il souffle, le frôle ou frappe avec science; en user à part et le dédier aussi à la Langue.

Une haute liberté littéraire d'acquise, la plus neuve : je ne vois, et ce reste mon intense opinion, effacement de rien qui ait été beau dans le passé, je demeure con-

vaincu que dans les occasions amples on
obéira toujours à la tradition solennelle,
dont la prépondérance relève du génie clas-
sique : seulement lorsqu'il n'y aura pas lieu,
à cause d'une sentimentale bouffée ou pour
une anecdote, de déranger les échos véné-
rables, on regardera à le faire. Toute âme
est une mélodie, qu'il s'agit de renouer ; et
pour cela, sont la flûte ou la viole de cha-
cun. Selon moi jaillit tard une condition
vraie ou la possibilité, de s'exprimer
non seulement, mais de se moduler, à
son gré.

Quelque étonnement, peut-être, que l'an-
nonce d'une révolution d'ordre littéraire

aboutisse à constater un changement dans l'artifice ou moyen par excellence, le vers : en effet, un souci musical domine et je l'interpréterai selon sa visée la plus large. Symboliste, Décadente ou Mystique, les Écoles se déclarant ou étiquetées en hâte par notre presse d'information, adoptent, comme rencontre, le point d'un Idéalisme qui (pareillement aux fugues, aux sonates) refuse les matériaux naturels et, comme brutale, une pensée directe les ordonnant ; pour ne garder de rien que la suggestion. Instituer une relation entre les images, exacte, et que s'en détache un tiers aspect fusible et clair présenté à la divination.. Abolie, la prétention, esthétiquement une erreur, malgré qu'elle régit presque tous les chefs-d'œuvre, d'inclure au papier subtil du volume autre chose que par exemple l'horreur de la forêt, ou le tonnerre muet épars au feuillage : non le bois intrinsèque et dense des arbres. Quelques jets de l'intime orgueil véridiquement trompettés éveillent l'architecture du palais, le seul habitable ; hors de toute pierre, sur quoi les pages se refermeraient mal.

Parler n'a trait à la réalité des choses que commercialement : en littérature, cela se contente d'y faire une allusion ou de distraire leur qualité pour incorporer

quelque idée. A cette condition s'élance le
chant qu'il soit la joie d'être allégé!

» Voilà, constatation à quoi je glisse com-
ment, dans notre langue, les vers ne vont
que par deux ou à plusieurs, en raison de
leur accord final, soit la loi mystérieuse de
la Rime, qui se révèle avec la fonction de
gardienne du sanctuaire et d'empêcher
qu'entre tous un n'usurpe, ou ne demeure
péremptoirement : en quelle pensée fabri-
qué celui-là! peu m'importe, attendu que
sa matière aussitôt, gratuite discutable et
quelconque, ne produirait de preuve à se
tenir dans un équilibre momentané et

double à la façon du vol, identité de deux
fragments constitutifs remémorée extérieu-
rement par une parité dans la conso-
nance (*). Tout ce qu'on reconnaît écrit
dans l'acceptation technique, soit phrasé,
comporte une mélopée : l'écriture n'étant
que la fixation du chant immiscé au lan-
gage et lui-même persuasif du sens. »

» Un désir indéniable à ce temps est de
séparer comme en vue d'attributions dif-

(*) » Là est la suprématie des modernes vers, sur ceux
antiques formant un tout et ne rimant pas ; qu'emplissait
une bonne fois le métal employé à les faire, au lieu que
chez nous, ils le prennent et le retiennent, incessamment
deviennent, procèdent musicalement : en tant que Stance
ou le distique. »

férentes le double état de la parole, brut
ou immédiat ici, là essentiel.

» Narrer, enseigner, même décrire, cela
va et encore qu'à chacune suffirait peut-
être, pour échanger la pensée humaine, de
prendre ou de mettre dans la main d'au-
trui en silence une pièce de monnaie,
l'emploi élémentaire du discours dessert
l'universel *reportage* dont, la littérature
exceptée, participe tout entre les genres
d'écrits contemporains.

» A quoi bon la merveille de transporter
un fait de nature en sa presque disparition,

vibratoire selon le jeu de la parole, cependant : si ce n'est pour qu'en émane, sans la gêne d'un proche ou concret rappel, la notion pure ?

» Je dis : une fleur ! et hors de l'oubli où ma voix relègue aucune couleur, en tant que quelque chose d'autre que les calices sus, musicalement se lève, idée même et suave, l'absente de tous bouquets.

» Au contraire d'une fonction de numéraire facile et représentatif, comme le traite d'abord la foule, le dire, avant tout rêve et chant, retrouve chez le poëte, par nécessité constitutive d'un art consacré aux fictions, sa virtualité.

» Le vers qui de plusieurs vocables refait
un mot total, neuf, étranger à la langue et
comme incantatoire, achève cet isolement
de la parole : niant, d'un trait contraire, le
hasard demeuré aux termes malgré l'arti-
fice de leur retrempe alternée en le sens et
la sonorité, et nous cause cette surprise de
n'avoir ouï jamais tel fragment ordinaire
d'élocution, en même temps que la rémi-
niscence de l'objet nommé baigne dans une
neuve atmosphère. »

» Ainsi lancé de soi le principe qui n'est
rien, que le Vers ! attire non moins que
dégage pour son jaloux épanouissement

(l'instant qu'ils y brillent et meurent dans
une fleur rapide, sur quelque transparence
comme d'éther) les mille éléments de beauté
pressés d'accourir et de s'ordonner dans
leur valeur essentielle. Signe au gouffre
central d'une spirituelle impossibilité que
quelque chose soit divin exclusivement à
tout, le numérateur sacré du compte de
notre apothéose, Vers enfin suprème qui n'a
pas lieu en tant que moule d'aucun objet
qui existe : mais il emprunte, pour y avi-
ver son sceau nul, tous gisements épars,
ignorés et flottants, selon quelque richesse,
et les forger. »

L'œuvre pure implique la disparition

élocutoire du poëte, qui cède l'initiative
aux mots, par le heurt de leur inégalité
mobilisés ; ils s'allument de reflets réci-
proques comme une virtuelle traînée de feux
sur des pierreries, remplaçant la respira-
tion perceptible en l'ancien souffle lyrique
ou la direction personnelle enthousiaste de
la phrase. Ce caractère approche de la
spontanéité de l'orchestre.

Pour achever, je ne m'assieds jamais aux
gradins des concerts, sans percevoir parmi
l'obscure sublimité telle ébauche de quel-
qu'un des poèmes immanents à l'humanité
ou leur originel état, d'autant plus compré-

hensif que nul : et que pour en déterminer la vaste ligne le compositeur éprouva cette facilité de suspendre jusqu'à la tentation de s'expliquer. Je me figure par un indéracinable sans doute préjugé d'écrivain, que rien ne demeurera sans être proféré ; que nous en sommes là, précisément, à rechercher, devant une brisure des grands rythmes littéraires (il en a été question plus haut) et leur éparpillement en frissons articulés proches de l'instrumentation, un art d'achever la transposition, au Livre, de la symphonie ou uniment de reprendre notre bien : car, ce n'est pas de sonorités élémentaires par les cuivres, les cordes, les bois, indéniablement mais de l'intellectuelle parole à son apogée que doit, avec

plénitude et évidence, résulter, en tant que

l'ensemble des rapports existant dans tout,

la Musique.

SECONDE DIVAGATION

CÉRÉMONIALS

» Quelle représentation, le monde y tient : un livre, dans notre main, s'il énonce quelque idée auguste, supplée à tous les théâtres, non par l'oubli qu'il en cause, mais les rappelant impérieusement, au contraire. Le ciel métaphorique qui se propage à l'entour de la foudre du vers, artifice évocateur par excellence au point de simuler peu à peu et d'incarner les héros eux-mêmes (juste dans ce qu'il faut aper-

cevoir pour n'être pas gêné de leur pré-
sence, bref le mouvement), ce spirituelle-
ment et magnifiquement illuminé fond
d'extase, c'est, c'est bien le pur de nous-
mêmes par nous porté, toujours prêt à jail-
lir à l'occasion laquelle dans l'existence ou
hors l'art fait toujours défaut. Musiques
certes que l'instrumentation d'un orchestre
tend à reproduire seulement et à feindre.
Admirez dans sa toute-puissante simpli-
cité ou foi en un moyen vulgaire et supé-
rieur, l'élocution, puis la métrique l'affi-
nant à une expression dernière, comme
quoi un esprit qui se réfugia au vol de plu-
sieurs feuillets, défie la civilisation négli-
geant de construire à son rêve, faute du

motif qu'elles aient lieu, la salle prodi-
gieuse et la scène. Le mime absent et
finales ou préludes aussi par les bois, les
cuivres et les cordes, il attend, cet esprit
placé au-delà des circonstances, l'accom-
pagnement obligatoire d'arts, ou s'en passe.
Seul venu à l'heure parce que l'heure est
sans cesse aussi bien que jamais, à la façon
d'un messager, du geste il apporte le livre
ou sur ses lèvres, avant que de s'effacer;
et l'être qui retient l'éblouissement géné-
ral, le multiplie chez tous, du fait de la
communication.

» La merveille d'un haut poème comme
ici me semble que, naissent des conditions

pour en autoriser le déploiement visible et
l'interprétation, d'abord il s'y prêtera et
ingénument au besoin ne remplace tout
que faute de tout.

» J'imagine que la cause de s'assembler,
dorénavant, en vue de fêtes inscrites au
programme humain, ne sera pas le théâtre,
borné ou incapable tout seul de répondre à
de très subtils instincts, ni la musique du
reste trop fuyante pour ne pas décevoir la
faute ; mais à soi fondant ce que ces deux
isolent de vague et de brutal, l'Ode, dra-
matisée par des effets de coupe savant :
des scènes héroïques ou une ode à plu-
sieurs voix

Oui, le culte promis à des Cérémonials songez quel il peut être, réfléchissez ! Simplement l'ancien ou de tous temps, que l'afflux par exemple de la symphonie récente des concerts a cru mettre dans l'ombre, au lieu que c'est l'affranchir, installé mal sur les planches et l'y faire régner : aux convergences des autres arts située, issue d'eux et les gouvernant, la Fiction, ou Poésie. »

» Une simple adjonction orchestrale change du tout au tout, annulant son principe même, l'ancien théâtre, et c'est comme strictement allégorique, que l'acte scénique

maintenant, vide et abstrait en soi, imper-
sonnel, a besoin, pour s'ébranler avec vrai-
semblance, de l'emploi du vivifiant effluve
qu'épand la Musique.

» Sa présence, rien de plus! à la Musique,
est un triomphe, pour peu qu'elle ne s'ap-
plique point, même comme leur élargisse-
ment sublime, à d'antiques conditions,
mais éclate la génératrice de toute vitalité :
un auditoire éprouvera cette impression
que, si l'orchestre cessait de déverser
son influence, l'idole en scène resterait,
aussitôt, statue. »

» Le Ballet illustre ce principe, mais si

médiocrement aujourd'hui, que sied de ne pas insister sur son apport délicieux.

» L'unique entraînement imaginatif consiste aux heures ordinaires de fréquentation dans les lieux de danse, sans visée quelconque préalable, patiemment et passivement, à se demander devant tout pas, chaque attitude si étranges, ces pointes et taquetés, allongés ou ballons « Que peut signifier ceci » ou mieux, d'inspiration, le lire. A coup sûr on opèrera en pleine rêverie, mais adéquate : vaporeuse, nette et ample, ou restreinte, telle seulement que l'enferme en ses circuits ou la transporte par une fugue la ballerine illettrée se livrant aux jeux de sa profession. Oui, celle-là

(serais-tu perdu en une salle, spectateur
très étranger, Ami) pour peu que tu dé-
poses avec soumission à ses pieds d'incons-
ciente révélatrice ainsi que les roses qu'en-
lève et jette en la visibilité de régions supé-
rieures au jeu de ses chaussons de satin
pâle vertigineux, la Fleur d'abord de *ton*
poétique instinct, n'attendant de rien autre
la mise en évidence et sous le vrai jour des
mille imaginations latentes : alors, par un
commerce dont son sourire paraît verser le
secret, sans tarder elle te livre à travers le
voile dernier qui toujours reste, la nudité
de tes concepts et silencieusement écrira la
vision à la façon d'un Signe, qu'elle est. »

Une belle réjouissance d'à présent, due
aux sortilèges divers de la Poésie, ne vaut,
que mêlée à un fonctionnement de capi-
tale, et en résulte ; comme apothéose. L'État,
en raison de sacrifices inexpliqués et con-
séquemment relevant d'une foi, exigés de
l'individu, ou notre insignifiance, doit un
apparat : c'est improbable, en effet, que
nous soyons, vis-à-vis de l'absolu, les mes-
sieurs qu'ordinairement nous paraissons.
Une royauté environnée de prestige mili-
taire, suffisant naguère publiquement, a
cessé : et l'orthodoxie de nos élans
pyschiques, qui se perpétue, remise au
clergé, souffre d'étiolement. Néanmoins

pénétrons-y, en dilettante : et si (le sait-on)
la fulguration de chants antiques jaillis
consumait l'ombre et illuminait quelque
divination longtemps voilée, lucide tout à
coup et en rapport avec une joie à ins-
taurer.

Toujours est-il que, dans cette église, se
donne un mystère : où, à quel degré en
reste-t-on spectateur, et présume-t-on y
avoir un rôle ? Je néglige, notez, tout apla-
nissement chuchoté par la doctrine, et
m'en tiens aux solutions que proclame
l'éclat liturgique. Non que j'écoute en
amateur peut-être soigneux ; excepté pour
admirer comment, dans la succession de

ces antiennes, proses ou motets, la voix,
celle de l'enfant et de l'homme, disjointe,
mariée, nue ou exempte d'accompagnement
autre qu'une touche au clavier pour y poser
l'intonation, évoque, à l'âme, l'existence
d'une personnalité multiple et une, mysté-
rieuse et rien qu'idéale. Quelque chose
comme le Génie, aventureux, sans com-
mencement ni chute, simultané, écho de
soi, en l'arabesque de son intuition supé-
rieure : il se sert des exécutants, par qua-
tuor, duo, etc., ainsi que des puissances d'un
unique instrument l'aidant à jouer la vir-
tualité. Contrairement par exemple aux
usages d'opéra ; où tout advient pour
rompre la céleste liberté de la mélodie, sa

condition, et l'entraver par la vraisem-
blance du développement régulier humain.
Ainsi même contradictoirement m'obsé-
de, parmi le plaisir, une assimilation
d'effets extraordinaires retrouvés ici et de
quelque rite pour nos fastes futurs attri-
buable peut-être au théâtre et j'ai le
sentiment, dans ce sanctuaire, d'un agen-
cement dramatique exact, comme je sais
que ne le montra autre part jamais séance
constituée pour un tel objet. Suivez, trois
éléments, ils se commandent. La nef avec un
peuple je ne dirai d'assistants, c'est d'élus:
quiconque y peut de la source la plus
humble du gosier jeter aux voûtes le répons
en latin incompris mais exultant, participe

entre tous et pour lui, de la sublimité se
reployant vers le chœur : car tel est le mi-
racle de chanter qu'on se projette à la hau-
teur où va le cri. Dites si artifice, préparé
mieux et pour beaucoup, égalitaire, que
cette communion, je parle au sens esthé-
tique, avec le héros du Drame divin. Une
remarque est, que le prêtre céans n'a qua-
lité d'acteur, il officie : désigne et recule la
présence mythique avec qui on vient se
confondre ; loin de l'obstruer du même in-
termédiaire que le comédien, qui arrête la
pensée à son encombrant personnage. Je
finis par l'orgue, relégué aux portes, il
exprime le dehors, un balbutiement de
ténèbres énorme, dans cette exclusion du

refuge, avant dé s'y déverser extasiées et
pacifiées, l'approfondissant ainsi de l'uni-
vers entier et causant aux hôtes une pléni-
tude de fierté et de sécurité. Telle, en l'au-
thenticité de fragments distincts, la mise en
scène de la religion d'état, par nul cadre
encore dépassée et qui, selon une œuvre
triple, invitation directe à l'essence du type
(ici, le Christ), puis invisibilité de celui-ci,
enfin élargissement du lieu par vibrations
jusqu'à l'infini, satisfait étrangement un
souhait moderne philosophique et d'art.
Et, j'oubliais la tout aimable gratuité de
l'entrée.

La première salle que possède la Foule,

au Palais du Trocadéro, prématurée, mais
intéressante avec sa scène réduite au plan-
cher de l'estrade (tréteau et devant de
chœur), son considérable buffet d'orgues et
le public jubilant d'être là, indéniablement
en un édifice voué aux fêtes, implique une
vision d'avenir ; or on a repris à l'église
plusieurs traits insciemment. La représen-
tation, ou l'office, manque, voilà; deux
termes, entre quoi, à distance voulue, hési-
tera toute pompe. Quand le vieux vice reli-
gieux, si glorieux, qui fut de dévier vers
l'incompréhensible ou l'abscons les senti-
ments naturels, pour leur conférer une
grandeur pure, se sera dilué aux ondes de
l'évidence et du jour, cela ne demeurera

pas moins, que le dévouement à la Patrie,
s'il doit trouver une sanction autre que sur
le champ de bataille, dans quelque allé-
gresse, requiert un culte; étant de piété.
Considérons aussi que rien, en dépit de l'in-
sipide tendance, ne se montrera exclusive-
ment laïque, parce que ce mot n'élit pas
précisément de sens.

Solitaire autant que générale en surprises
pour le poëte même, cette songerie restreinte
par hasard, à quelques piliers de paroisse,
perd de l'insolite, après un moment : la con-
clusion prévaut : en effet, c'était impossible
que dans une religion, encore qu'à l'aban-
don depuis, la race n'eût pas mis son secret

intime d'elle ignoré. L'heure convient,
avec le détachement nécessaire, d'y prati-
quer les fouilles, pour exhumer d'anciennes
et magnifiques intentions.

» Si l'esprit français strictement imagi-
natif et abstrait, donc poétique, jette un
éclat, ce sera ainsi : il répugne, en cela
d'accord avec l'Art dans son intégrité, qui est
inventeur, à la Légende. Voyez-le des jours
abolis ne garder aucune anecdote énorme
et fruste, comme par une prescience de ce
qu'elle apporterait d'anachronisme dans

une représentation théâtrale, Sacre d'un
des actes de la Civilisation (*). A moins que
cette Fable, vierge de tout, lieu, temps et
personne sus, ne se dévoile empruntée au
sens latent de la présence d'un peuple,
celle inscrite sur la page des Cieux et dont
l'Histoire même n'est que l'interprétation,
vaine, c'est-à-dire un poème, l'Ode. Quoi !
le siècle, ou notre pays qui l'exalte, ont
dissous par la pensée les Mythes, ce serait
pour en refaire ! Le Théâtre les appelle,
non ! pas de fixes, ni de séculaires et de
notoires, mais un, dégagé de personnalité,
car il figure notre aspect multiple : que de

(*) Exposition, Transmission de Pouvoirs, etc. : t'y vois-
je, Brünnhild ou qu'y ferais-tu, Sigfrid.

prestiges correspondant au fonctionnement
de l'existence nationale, évoque l'Art, pour
le mirer en nous. Type sans dénomination
préalable, pour qu'en émane la surprise,
son geste résume vers soi vos rêves de sites
ou de paradis, qu'engouffre l'antique scène
avec une prétention vide à les contenir ou
à les peindre. Lui, quelqu'un ! ni cette
scène, quelque part (l'erreur connexe, décor
stable et acteur réel du Théâtre manquant
de la Musique) : est-ce qu'un fait spirituel,
l'épanouissement de symboles ou leur pré-
paration, nécessite endroit, pour s'y déve-
lopper, autre que le foyer fictif de vision
dardé par le regard d'une foule ! Saint des
Saints, mais mental.. alors y aboutissent,

dans quelque éclair suprême, d'où s'éveille
la Figure que Nul n'est, chaque attitude
mimique prise elle-même à un rythme
inclus dans la symphonie, et le délivrant !
Alors viennent expirer comme aux pieds
de cette incarnation, non sans qu'un lien
certain les apparente ainsi à son humanité,
ces raréfactions et ces somnités naturelles
que la Musique rend, arrière-prolongement
vibratoire de tout ainsi que la Vie.

» L'Homme, puis son authentique séjour
terrestre, échangent une réciprocité de
preuves.

» Ainsi le Mystère !

» La Cité qui donna à cette expérience
sacrée un théâtre imprime à la terre le Sceau
universel.

» Quant à son peuple, c'est bien le moins
qu'il ait témoigné du fait auguste, j'atteste
la Justice qui ne peut que régner là !
puisque cette orchestration de qui tout à
l'heure sortit l'évidence du dieu ne synthé-
tise jamais autre chose que les délicatesses
et les magnificences, immortelles innées,
qui sont à l'insu de tous dans le cours
d'une muette assistance. »

TABLE

AVANT-DIRE

I. VERS

II. PROSE

POÈMES DE POE

PLUSIEURS PAGES

TABLE   221

NOTE : *Le paragraphe* « Voilà constatation à quoi je glisse », *page* 129, *jusqu'à* « Tout ce qu'on reconnaît ‘ écrit ’.. » *est extrait d'une étude* UN PRINCIPE DES VERS.

Ceux « Un désir indéniable à ce temps.. », *page* 130, *et les suivants composèrent à eux seuls antérieurement une Divagation.* « Ainsi lancé de soi le principe.. » *page* 133 — *de l'étude* « UN PRINCIPE DES VERS ».

Les paragraphes « Quelle représentation, le monde y tient », *page* 136 — *de la même étude.*

Ceux : « Une simple adjonction orchestrale », *page* 139, *et le suivant* — *de* « RICHARD WAGNER. RÊVERIE D'UN POÈTE FRANÇAIS ». « L'unique entraînement imaginatif.. », — *page* 140, *d'une étude* BALLETS. « Si l'esprit français strictement imaginatif et abstrait », *page* 149, *jusqu'à la fin* — *de* RICHARD WAGNER. RÊVERIE D'UN POÈTE FRANÇAIS.

IMPRIMERIE DESLIS FRÈRES